住宅ローン・アパートローン
実務に学ぶ

融資法務Q&A

【第3版】

田島一良 著

経済法令研究会

はじめに
第3版にあたって

　本書は、2004年8月に住宅ローンを中心として現場実務の流れに沿った新しい切口の融資法務の書籍として出版され、2度の改訂・改題を重ねましたが、第3版は住宅ローン部分の加筆修正に加えて「アパートローン」について大幅に加筆し、また、債権法の改正等も盛り込んで改訂しました。

　特に、従来の類書では簡単にしか触れられていなかった、アパートローン等の債務の相続について、大幅に加筆しました。

　本書は、銀行のローン実務をベースに融資業務の法的意味・法律的考え方を学んでいただくもので、筆者の、銀行における25年以上にわたる営業店の現場からの法務相談対応の経験を基に、実際に寄せられた質問で頻度の高いものを厳選し、学校で法律を学んでいない人にも自然にリーガルマインドが身に付くように「痒い所に手が届く」を心がけて執筆しました。

　また、平板的な記述を避け、理解を早めるため、アンダーライン（ポイント部分）、ゴシック（鍵となる用語）、囲み（対比させたい部分）等でアクセントを付けました。

　さらに、近年は、お客様から契約書の条文の意味についての質問をされるケースも多くなってきていますが、昔から使用されている金融機関の契約書は、行職員にとっても難しい表現があり、質問されて答えられないというケースもしばしばあります（特に、保証条項の一部）。そこで、個人ローンの標準的な金銭消費貸借契約・保証条項の条文解説を掲載しました。また、近年は、お客様によっては「それは法律のどこに書いてありますか」という質問をされる方もおられます

ので、巻末に、本文中で取り上げた民法の関係条文も掲載しましたので是非参照して下さい。

　まず実務の流れとその法的意味をStep 1〜5として概括的に説明し、その後、実際に寄せられた質問をベースにこのStep 1〜5をQ＆A方式で掘り下げて解説しました。

　内容もボリュームも「電車の中で気軽に読める本」としましたので、必要な項目のみを辞書的に調べるのではなく、とりあえず通して読んでいただくことをお勧めします。

　個人ローンの担当の方のみでなく、事業法人融資の担当の方（必要な基礎的法務知識は同じです）、部下の指導にあたりまず基礎的法務知識を身につけさせたいと考えている方、これからローンを借りようと思っている方、銀行実務の世界を覗いてみたいと思っている学生の方等幅広い方々の手に取っていただければ幸いです。

　なお、本書のうち意見に関する部分は筆者の個人的見解であり、過去に属していた組織等の見解とは無関係です。

2019年2月

田島　一良

本書の構成

「Ⅰ　融資業務の流れ」では、銀行の融資業務について実際の業務の流れ（場面）にそって、
　　Step 1　申込受付
　　Step 2　審査
　　Step 3　融資実行・担保・保証
　　Step 4　管理
　　Step 5　回収
という順に実務の概要をマニュアル風に説明し、あわせて≪基礎知識≫で法律用語解説等、基礎的な法務知識を説明しています。

「Ⅱ　Q＆A」では、「Ⅰ」のStep 1～5のそれぞれの項目（場面）に対応するかたちで、実務上直面する法務関連の事項をQ＆A方式で解説し、さらに≪基礎知識≫で法律用語解説等といった基礎的な法務知識や、一歩進んだ内容の法務問題等を説明しています。

「Ⅲ　ローン契約書」では、標準的な金銭消費貸借契約書（ローン契約書）および保証条項の条文について、一条ずつポイントを説明しています。
　その他末尾には 資料 として各種書式、登記簿謄本

のモデル等、および民法条文のうち本書でとりあげたものを掲載していますので、本文と併せて参照して下さい。また、第3版は昨今問題になっているアパートローンの厳格化に対応して「アパートローン厳格化チェックシート（例）」を追加しました（資料8）。実務の参考にして下さい。

　解説の中で、ポイントとなる個所はアンダーラインで示し、重要な用語は**太ゴシック**で示してあります。また、囲みで示してある部分は他の囲み部分と対比して読んで欲しい部分で、上部に傍点が付してある部分は注意して読んでほしい個所です。

　※これらの表示にあわせて、ご自身で、適当にカラーマーキングしてみても良いと思います。

　凡例は下記のようにしています。
改正債権法：民法の一部を改正する法律（平成29年法律第44号）
　　新法：改正債権法による改正後の民法の法文
　　旧法：新法によって改正になっている法文
　　民法：改正されていない法文

Contents

I 融資業務の流れ

- **Step 1 申込受付** ……………………………………………… 2
- **Step 2 審 査** ……………………………………………… 5
    - 8 《基礎知識1》保証会社
    - 9 《基礎知識2》個人信用情報センター
    - 9 《基礎知識3》団体信用生命保険
- **Step 3 融資実行・担保・保証** ……………………………… 11
    - 15 《基礎知識4》金銭消費貸借契約とは
    - 16 《基礎知識5》抵当権と根抵当権
    - 18 《基礎知識6》登記済権利証（登記識別情報）
- **Step 4 管 理** ……………………………………………… 20
    - 23 《基礎知識7》内容証明郵便
- **Step 5 回 収** ……………………………………………… 24
    - 29 《基礎知識8》代位弁済
    - 29 《基礎知識9》期限の利益・失期
    - 30 《基礎知識10》相殺とは

Contents ❷

II Q&A

Step 1　申込受付 ……………………………………… 34

34　Q1　融資業務において**「コンプライアンス」**の観点から特に気をつけることは何ですか。

35　Q2　**高齢化**が進み認知症の老人が増えていますが、銀行取引（融資取引）の面ではどのように対応したら良いのでしょうか。また、**「成年後見制度」**とはどのようなものですか。

41　Q3　アパートローンを実行しようと思いますが、借入人が**高齢で手が不自由**なため、文字が書きづらいので、連帯保証人である息子が、借入人本人と銀行の行員の立会いのもとで**代筆**したいとの申し出がありましたが、問題ないでしょうか。
　また、借入人が入院中で**意思能力に不安**がありますが、法定（推定）相続人全員が連帯保証人となるので融資をお願いしたいとの申し出がありました。問題ないでしょうか。

42　Q4　アパートローンで、敷地は個人が所有しているのですが、債務者は**法人（資産管理会社等）**にしたいとの相談がありました。当該個人は保証人にもなる予定です。当該法人の**取締役会決議等**は必要ですか（①）。
　また、逆に、債務者は個人ですが、敷地の所有者や保証人が法人（資産管理会社等）である場合はどうですか（②）。

48　Q5　アパートローンの担保となる土地の一部に、**未登記の古屋**が建っています（居住者はいません）。この建物は老朽化が進んでおり建物としての価値はゼロで、将来的には取り壊す予定とのことです。
　銀行としてはこの土地をそのまま担保にとっても問題はないのでしょうか。

Step 2 審査 50

50 **Q6** 銀行が**融資の可否を決定するときのポイント**は、「担保」以外に何がありますか。

52 《基礎知識 11》融資の基本 5 原則

53 **Q7** **不動産登記簿**の謄本と抄本、全部事項証明書と一部事項証明書は、どう違うのですか。
また、提出された謄本等に、抜取り・差替えがなされていないか確認するには、どのようにしたら良いですか。

55 **Q8** **不動産登記簿謄本**は、どこを見て何を**チェック**すれば良いのですか。

61 《基礎知識 12》現地調査のポイント

62 **Q9** 登記簿で所有権者を確認し、その人（A氏）と抵当権設定契約を締結し、抵当権設定登記を完了しましたが、別の人（B氏）から当該物件は自分の物であるとして抵当権の無効の訴えを起こされました。**登記簿は信用してはいけないのですか**（国が責任をもって作成・管理しているのではないのですか）。

63 **Q10** お客様から提出していただく書類に**「建築確認済証（建築確認通知書）」**がありますが、これは何のために必要なのですか。
また、「**検査済証**」も提出していただきますが、これは何ですか。

Step 3 融資実行・担保・保証 65

65 **Q11** 金銭消費貸借契約書には印紙を貼りますが、抵当権設定契約書には貼らなくて良いのですか。**印紙を貼らなかった場合は、契約の効力に影響しますか。**

また、印紙にはお客様の印鑑で**割印（消印）**をしてもらうようにと言われましたが、忘れてしまった場合は、銀行の担当者の印やサインでも良いのですか。

そのほか、契約書に印紙を貼ってしまったけれど、**その契約書を使用しなかった場合の印紙代や、契約書の写しや変更契約にも**印紙は必要かについても教えてください。

69 《基礎知識 13》不課税文書と非課税文書の違い

69 **Q12** 借入人（夫）が多忙で来店できないため、**妻が**来店して金銭消費貸借契約書・抵当権設定契約書などに**（夫の名前で）署名・捺印しました。**夫の印鑑証明書は持参していただいたので問題ないと思いますが……。

また、お客様が何度も来店することはできないということで、当初融資申込みの来店時に、金銭消費貸借契約書などの**書類に、前もって自書・捺印しておいていただく**ことに、問題がありますか。

71 **Q13 金銭消費貸借契約**は、合意の成立した日や契約書を交わした日でなく、**資金の交付時に成立する**と教えられましたが、抵当権の設定登記（法務局への持込み）は、原則、資金の交付より前におこなうべきであると言われました。そうすると、**登記時にはまだ金銭消費貸借契約（被担保債権＝その抵当権によって保全される債権）が成立していない**ことになり、普通抵当権の場合、**理論的におかしいのでは**ないですか。

73 **Q14** 住宅ローンのときは、通常、個人の保証人に代わり保証会社の保証をとりますが、この場合、**抵当権者は銀行ではなく保証会社**となることが多いようです。
債権者は銀行なのに、抵当権者は保証会社でも良いのですか。**この抵当権は、何を担保しているのですか。**

74 **Q15** 建物建築代金のローン申込みがあり、建物が完成したら当該建物には抵当権を設定しますが、**土地は借地**で、地主は担保提供（抵当権設定）をしてくれません。どうしたら良いでしょうか。

79 《基礎知識14》定期借地権とは

80 **Q16** Aさん名義で住宅ローンの申込みがありましたが、**担保にする土地のごく一部分がAさんの子供（10歳）名義**になっています。この部分を除いて担保にとってもいいでしょうか。この部分も担保にとるとすると、**子供（未成年）と担保設定契約をする**ことになりますが、何か特別の手続きは必要ですか。具体的にどうすれば良いのですか。

82 **Q17** 銀行実務では、建物を担保にとる場合、**建物の火災保険に質権**を付けることがおこなわれますが、建物の火災保険に質権を付けるとは、どういうことですか。具体的に手続きはどうするのですか。
また、建物の抵当権の効力は、火災保険金には及ばないのですか。

85 **Q18** アパートローンで**保証人**を付けるように依頼する場合、**人選**については、単に資力（保証能力）のある人ということではなく、「**経営者保証に関するガイドライン**」や「**金融庁の監督指針**」による指導があるので、これらに沿った対応が必要であるといわれました。
具体的にはどういうことでしょうか。
また、「**改正債権法**」では、どのようになるのでしょうか。

87 《基礎知識15》情報提供義務

89 **Q19**「**連帯保証人**」は、「保証人」「**連帯債務者**」とどう違うのですか。

92 《基礎知識 16》根保証について

94 **Q20** 預金を担保にとる場合、**確定日付**をとる場合ととらなくて良い場合があるようですが、どのように区別するのですか。
また、**総合口座による貸越し**も預金担保（質権）の貸出しの一種だということですが、**質権の場合は質物である預金通帳（債権証書）を銀行で預かる必要がある**のではないのですか。

Step 4 管理 97

97 **Q21** アパートローンで、借入人の妻と長男の二人を保証人としていましたが、妻より**保証人からはずしてほしいとの申し出**がありました。はずしても債権保全上は影響はないと思われますが、単に妻に**保証債務の免除の通知をするだけ**で、法的に問題ないでしょうか。

99 **Q22** アパートローンの**債務者に相続**が発生しました。ローン（債務）の相続手続きはどうすればよいのでしょうか。
また、遺言書があり、アパートは配偶者に、ローンは長男が引き継ぐようにと書いてありました。銀行はこの指定に従わなければならないのでしょうか。

102 《基礎知識 17》免責的債務引受と併存的債務引受

102 《基礎知識 18》債務の相続と抵当権の変更登記手続き

105 **Q23** アパートローンの債務者に相続が発生し、相続人は配偶者と子供3名ですが、アパートはこの子供のうち2名が1/2ずつの**共有**のかたちで相続しました。

アパートローンもこの2名が**それぞれ分割して引き受け**たいといっています。
　契約書はどうしたらよいのでしょうか。

108 **Q24**　総額7,000万円の**分割実行型**のアパートローンで、融資実行は、初回2,000万円、二回目2,000万円は完了しましたが、最終分3,000万円の実行前に**主債務者が亡くなり**ました。債務引受契約などはどうすればよいのでしょうか。

109 **Q25**　債務者に**相続**が発生し、その相続手続きが**未了**（相続人は承認も放棄もしていません）のうちに、さらに**その相続人の1人が亡くなり**ました。
　契約書はどうしたらよいのでしょうか。

111 **Q26**　アパートローンの債務者に**相続**が発生し、長男が**免責的債務引受契約**をすることに同意しましたが、**相続人の1人**である、被相続人の前妻の子供については、**署名捺印がもらえません**。長男も同相続人については没交渉であるし、連絡はしないで欲しいといっています。同人の署名捺印はなくても問題はないのでしょうか。

114 **Q27**　**保証人が亡くなり**ました。保証債務はどうなるのでしょうか。
　銀行としてはどうすればよいのでしょうか。

115 **Q28**　債務者の不動産に抵当権を付けて融資をしましたが、**債務者が無断で当該不動産を売却**してしまいました。こんなことが許されるのでしょうか。
　また、債務者の建物に第1順位の抵当権を付けていましたが、**債務者が勝手にその建物を取り壊し**、新しい建物に他の金融機関を第1順位とする抵当権を設定させてしまいました。当行は抵当権の抹消を承諾した覚えはないのに、どういうことなのでしょうか。

Contents ⑧

117 **Q29** **債務者の預金**に対して、裁判所から**差押**（または仮差押）通知がきました。銀行としては、どのように対応したら良いのでしょうか。また、その預金は、いつ誰に支払えば良いのでしょうか。

122 《基礎知識 19》差押えと仮差押え

124 **Q30** 裁判所から、預金の差押通知とともに、**債権差押命令についての「陳述書」**を出すように、との催告書が届きました。どのように対応すれば良いのでしょうか。

126 《基礎知識 20》税務調査への対応

127 **Q31** 失期（期限の利益の喪失）には、**「請求失期」**と**「当然失期」**があると聞きましたが、どう違うのですか。また、「請求失期」と「支払催告」とは、どう違うのですか。

131 **Q32** 金銭消費貸借契約では、債務不履行の場合は年 14％の**遅延損害金**を払うことになっていますが、たとえば当月の約定返済額 25 万円が延滞した場合（内利息分 15 万円・元本分 10 万円として）、①この**利息分 15万円に対しても 14％の遅延損害金を請求するという意味ですか**。②また、元本については、**通常発生すべき約定利息と年 14％の遅延損害金の両方を請求するという意味ですか**。

Step 5　回　収　……………………………………………………… 132

132 **Q33** 返済期限までにまだあと 5 年ありますが、債務者から**全額返済をしたい**（または全額ではないが、余裕金ができたので約定弁済額のほかに**増額して返済**をしたい）との申し出がありました。**変更契約**などは、どのようにすれば良いのでしょうか。

133 **Q34** Aさんのローンの返済が滞っており、本人の預金口座には残高がありませんが、**保証人のBさんの預金口座**には残高があります。**相殺**による回収は可能ですか。
　また、延滞は約定弁済3ヶ月分で、**（元本全体の）失期はまだ**させていませんが、相殺は可能ですか。

134 **Q35** 個人の債務者が**自己破産**を申立てました。債権者としては、もうこの人からの債権回収はあきらめざるをえないのですか。また、この人は社会生活のうえで、どのような影響（不利益）がありますか。

137 **Q36** 住宅ローンのお客様（債務者）が、返済期間延長の相談に来店しました。**民事再生法（個人）**の適用を考えているようです。
　銀行としては、どのように対応したら良いでしょうか。

143 **Q37** ローン債権は**何年で時効**になるのですか。時効になりそうなとき、内容証明郵便で催告書を送っておけば、**進行を止められますか。**
　時効管理はどうすれば良いのでしょうか。
　また、改正債権法ではどのようになりますか。

ローン契約書（付、保証条項）

150 条文解説

【資料１】失期通知 …………………………………………… 174
【資料２】相殺通知書 …………………………………………… 175
【資料３-１】登記簿見本（土地）……………………………… 176
【資料３-２】登記簿見本（建物）……………………………… 178
【資料３-３】登記簿見本（マンション）……………………… 180
【資料４】確認書（代筆）……………………………………… 182
【資料５-１】（仮）差押債権目録 ……………………………… 183
【資料５-２】陳述書 …………………………………………… 184
【資料６】住宅資金特別条項を定められる要件チェックリスト ……… 185
【資料７】個人民事再生手続（住宅資金貸付債権）相談シート ……… 186
【資料８】アパートローン　厳格化　チェックシート（例）………… 187
【民法の主要条文】……………………………………………… 189

Ⅰ 融資業務の流れ

Step 1	申込受付
Step 2	審　査
Step 3	融資実行・担保・保証
Step 4	管　理
Step 5	回　収

　本編では、銀行の融資業務の流れ（概略）を説明します。
　<u>住宅ローン（一部アパートローン等）を中心に説明してありますが、一般の法人向け融資担当の方にとっても「融資業務」「融資法務」のベースとなります。</u>

　ところどころ、（➡Q○○）として「Ⅱ　Q＆A」の中で詳しく解説してある部分を示してありますが、最初はこだわらずに読み通して、まず融資業務の流れをつかんでください。
　ポイントとなる箇所にはアンダーラインを付し、ポイントとなる用語はゴシック体で記しています（Ⅰ・Ⅱ・Ⅲ共通）。
　なお、銀行により手続きが異なる部分も一部あると思われますので、あくまでも一般的な流れとして理解してください。
　また、《基礎知識》として、用語や法務の基礎知識を解説しました。この部分もよく読んで、金融法務の基礎を理解してください。

Step 1 申込受付

1-1 お客様から融資の申込みがあったら、まずパンフレットなどを見ていただきながら融資できる条件の概略を説明し、お客様の申込み内容が銀行の融資条件と大きな乖離がないかを確認します。お客様のご希望にそえないケースもありますので、 1-2 の各種書類を揃えていただく前によく説明し、難しいかと思われる場合は、あらかじめその旨伝えます。

「銀行の融資条件」は各銀行によって差がありますが、この段階で確認すべきポイントは、おおむね【表1】のとおりです。

表1

確認項目(注1)	確認のポイント（銀行により異なります）(注2)
資金使途	「住宅」ローンであるのに、他人に貸すための建物の建築資金であったり、投資物件・セカンドハウスの取得資金などの場合は問題があります。なお、銀行によっては「資金使途は自由（ただし事業性資金・投機的資金は除く）」というような条件のところもあります。
年齢	住宅ローンの場合、借入時の年齢が満20歳以上70歳以下、最終返済時の年齢が81歳未満という銀行が多いようです。
職業	ローンの返済期間中、安定した収入が見込まれるかどうか。 ※収入が不安定な職種ではないか、同一勤務先に3年以上勤務しているか、などを一応の目安としている銀行が多いようです。
融資額の上限	① 購入物件の売買価格・建築請負契約金額 ② 担保物件の評価額の80～85％（マンション・土地のみの場合や借地の場合など、購入物件＝担保物件の種類によっても異なります） ③ 年収と年間返済額（他の借入分も含む）との比率が、20～35％以内（年収により異なり、一般的に年収が多いほど、この比率は高くても良い。） 「全借入額が年収の5倍以内」というような条件の銀行もあります。 ④ ①～③にかかわらず銀行が商品（制度）として決めている上限。たとえば「1億円以内」「5,000万円以内」 以上の①～④のなかで一番低い額

(注1) 住宅ローンの場合となります。アパートローンの場合はP 7 参照。
(注2) 各行のパンフレット等で確認してください。

1-2 次に、融資決定のための審査に必要な以下の書類の提出を依頼します（住宅ローンの場合。アパートローンの場合は⑦のかわりに賃貸事業収支表が必要（P7参照））。

　　① 借入申込書
　　② 印鑑証明書、住民票等
　　③ 担保物件の登記簿謄本、公図
　　④ 売買契約書、工事請負契約書（見積書）
　　⑤ 建築確認通知書および検査済証
　　⑥ 収入証明書（住民税課税決定通知書や納税証明書など）
　　⑦ 団体信用生命保険告知書
　　　（借入人の職種・対象物件の種類等によって異なります。詳細は各行のパンフレットで確認してください）

この際、あらかじめ次の点をお客様に伝えます。

▶まだ、融資について約束はできないので、不動産の売買契約、建物の建築請負契約は、金融機関から正式に融資決定の通知があるまで控えていただくこと
不動産業者からとりあえず物件をおさえる意味で契約をして欲しいといわれている時は、売買契約書等に**「ローン条項」**（ローンがおりなかった場合には、手付金の没収等の損害賠償責任は問われずに契約解除ができる）があることを確認していただくこと
▶審査にかかる日数、審査OKの場合の融資実行予定日

| Step 1 | 申込受付 |

> ▶収入印紙代・抵当権設定費用・保証会社保証料・火災保険料・質権設定費用等、融資実行にかかる諸費用
> ※通常、この部分は融資額に入りませんので、お客様に別途用意していただく必要があります。ただし、他行融資の「借替え」の場合は、この部分も含めて融資する銀行もあります。

1-3 審査の結果、融資をお断りする場合、お客様の知識、経験および財産の状況に応じて、可能な範囲で謝絶理由についても説明します。

Step 2 審査

2-1 前記1-2で提出を受けた書類に基づいて、自行の融資基準に照らして審査し、さらに書類一式を保証会社に送り、保証会社が保証基準に照らして審査します。この保証会社は融資をする銀行の関連会社であるケースが多く、融資基準と保証基準の基本的な部分は同じになっていることが多いので、実質的には保証会社での審査が中心となるようです。(➡《基礎知識1》保証会社)

2-2 審査の具体的内容は、主に次のようになります。

- ▶前出の【表1】の項目などについて、提出していただいた書類に基づいた返済能力のチェック
- ▶不動産登記簿謄本などに基づく担保関係のチェック(➡Q7)
- ▶担保価値の評価
  ※新築物件の場合は、原則として売買価格を評価額とすることが多いようですが、中古物件の場合は、売買価格および近隣の取引事例等を基に評価（場合により現地調査も）します。
- ▶全国個人信用情報センターへの照会による他行・他社の借入れ・返済状況のチェック(➡《基礎知識2》個人信用情報センター)
- ▶団体信用生命保険の加入に関する生命保険会社によるチェック
  (➡《基礎知識3》団体信用生命保険)

なお、実務的には、①一部基準にあわない項目があっても、他の項目を総合的に判断し保証会社が承認すればOKとなるケースもあり、

Step 2 審査

逆に、②形式的には全基準をクリアーしていても、OKとならないケースもあります。

①の例：担保の評価額が多少基準に満たないが、勤務先等からみて安定した収入が予想され、返済の確実性が高く、担保権を実行する事態となる可能性が低いと考えられるケース。

勤続年数が基準に満たないが、転職を繰り返しているわけではなく、また、他の条件は充分クリアーしているケース。

②の例：現在は収入も勤続年数も基準をクリアーしているが、職業柄⑦収入の変動が大きく、借入希望期間も長い（たとえば30年）ケース。

※このケースは、借入希望期間を短縮したり、個人の保証人を別途たてていただく等で、融資可能となることもあります。

④反社会的勢力に該当するケース。

バブルの頃は、いわゆる「担保主義」の融資がおこなわれ、担保価値の下落により借入金の返済が不能となるなど、その多くが不良債権（回収不能債権）となりました。

担保権実行による回収は最終的な手段であり、手間もかかり、将来の価格変動（下落）リスクもあります。したがって、<u>担保価値よりも、長期的な返済能力に重点を置いた審査をすべきです</u>。（→Q6）

2-3 その他案件別審査（チェック）項目

他行の借替え案件

当該他行ローンの返済予定表と返済口座の通帳の提出を依頼し、返済が滞りなくおこなわれていることを確認します。当該銀行発行の

ローン残高証明書もあればベストですが、当該銀行に察知され、金利引下げ等で顧客が説得されて対抗されるリスクがあります。

また、抵当権の抹消・設定費用、保証料等の費用のほかに、当該他行ローンの期限前弁済手数料が必要な場合がありますので、よく確認・説明する必要があります。

収入合算

たとえば、借入人である夫の収入のみでは収入基準に満たない場合で、妻にも収入があるときは、妻の収入も合算して収入基準を計算することができる銀行が多いようです。

銀行により異なりますが、合算する人は同居の親族に限ったり、合算する金額は合算する人の年収の2分の1まで、などという条件が付くことが多いようです。なお、合算する人は連帯保証人になっていただきます。

この場合は、合算する人の収入証明書・住民票等の提出を依頼し、収入・職業・同居の有無などを確認します。

ビル・アパートローン

テナントビル・アパートなどの事業用（賃貸）物件の建築資金のローンの場合は、賃料相場・固定資産税などの諸費用を調べて、賃貸事業収支をチェックします。

自行に賃貸事業収支のプログラムがない場合は、ハウスメーカーや建設会社が作成したものを、お客様から入手します。

賃貸事業収支のチェックポイントは、次のとおりです。

Step 2　審　査

- ▶「賃料収入－費用（税金、登記費用、ローン金利他）－ローン元本返済」で、毎年余剰金がどの程度出るか（当初2～3年赤字の場合、借入人の給与収入等で賄えるか）
- ▶当該地域のアパート需要はどうか、設定している賃料はその地域の賃料相場からみて妥当か（地元不動産業者などからヒアリング）
- ▶賃借人の入居率は、空室リスクも見込んでいるか（通常、入居率80～90%で計算）（➡**資料8**）

基礎知識 1　保　証　会　社

- ●銀行が融資をする場合、万一返済が滞った場合に備えて、原則として、不動産などの担保（物的担保）をとりますが、物的担保は処分に時間がかかることが多いので、あわせて保証人（人的担保）も要請します。
　なお、銀行実務では、「保証」はすべて「連帯保証」です。（➡**Q 19**）
- ●しかし、個人のローンの場合は、顧客（債務者）が資力のある保証人を探すことは難しいことが多いので、ローン等の保証を専門におこなう会社（＝保証会社）に、お客様が保証料を支払って保証を委託していただきます。
- ●この場合は通常、担保権は銀行でなく保証会社が設定しますので、競売などは保証会社が保証履行をした後、保証会社がおこないます。（➡**Q 14**）
　また、場合によっては（債権保全上の必要から）、保証会社の保証とあわせて個人の連帯保証人をたてることを要請するケースもありますが、この場合、銀行に対してでなく保証会社に対する保証人となってもらいます（保証会社保証の場合で、個人の保証人を銀行に対してたててもらうときは、「当該保証人は保証履行をした場合でも、保証会社に求償しない」旨の特約が必要となると考えられます）。

- ●この保証料は、金利に直すと年0.3％程度になります（ローンの金利に上乗せして毎月支払う方法と、融資実行時に一括して支払う方法があります）ので、最近は、基本的には保証会社を使わない、保証人不要というローンの取扱いをしている銀行もあります。

基礎知識2　個 人 信 用 情 報 セ ン タ ー

- ●個人信用情報センターとは、銀行協会が設置・運営し、銀行・信用金庫・クレジットカード会社などの金融機関が会員となっている信用情報機関です。
- ●会員は、個人の取引先の信用情報（住宅ローン・カードローンなどの、実行・延滞・代位弁済などの情報）を登録し、また、与信判断等に必要な場合はセンターに照会し、その情報を利用することができます。
- ●会員の金融機関は、お客様と、あらかじめこの信用情報の登録・照会についての同意契約を結びます。

　※当初のローン申込書等に、同意文言が刷り込まれていることが多いようです。

- ●また、照会で得た回答は、第三者はもちろん当該個人本人に対して伝えることも禁止されています。

　※本人への開示は、本人の請求により、個人信用情報センターが郵送でのみおこないます。

基礎知識3　団 体 信 用 生 命 保 険

- ●団体信用生命保険（略して「団信」といいます）とは、銀行が保険契約者・保険金受取人となって、債務者のために掛ける（ローンの債務者が被保険者となる）生命保険です。

> Step 2 審査

- 保険金額はローンの残高と同額で、死亡時等に支払われる保険金はローンの残債務に充当されて、ローンは完済となります。
- 保険料は、ローンの残債務に一定の保険料率を掛けて計算された額で、保険料相当額は債務者の支払う金利に含まれており、実質的に債務者が負担していますが、保険料払込人は銀行です。
- 団信は、住宅ローン以外でも、割賦返済契約の個人向融資であれば、原則として付けられます。
- 保険申込みに際しては、申込人（債務者）に、現在および過去の健康状態について「告知書」を記入していただき、告知事項の中に「あり」の項目がある場合は、生命保険会社に文書で照会します。
  　この告知書に不実の記載があった場合は、保険金は支払われません。
- アパートーローンの場合は、通常「債務の相続」を想定していますので団信は付保しないことが多いようです。

Step 3　融資実行・担保・保証

3-1 保証会社から「保証内定」(注)の連絡を受けたら、行内で融資（実行）稟議の決裁を受けます

※住宅ローンのような定型的な融資は、お客様からいただくローン申込書が稟議書の代わりをし、また、最終決裁者は本店・本部でなく、その店の支店長であることが多いようです。

（注）担保権の設定手続き完了後、正式に「保証決定」となります。

　　なお、行内での融資稟議決裁と保証会社の審査は併行的になされることも多く、保証会社の保証内定を条件にして、先に稟議決裁をする場合もあります。

3-2 次に、金銭消費貸借契約等の契約をします。

お客様に連絡をして、金銭消費貸借契約・抵当権設定契約のためにご来店いただき、契約書には自筆で住所・氏名・その他を記入していただきます。　　　　　（➡《基礎知識4》金銭消費貸借契約とは

《基礎知識5》抵当権と根抵当権）

連帯保証人が必要な場合、担保物件の名義が債務者と異なる場合や共有の場合（この場合には物件の名義人・共有者に担保提供をしていただきます）は、連帯保証人・担保提供者の方にもご来店いただき、本人確認、保証・担保提供の意思を確認のうえ、金銭消費貸借契約の保証人欄や、抵当権設定契約等必要書類に面前で自書していただきます。

どうしてもご来店いただけない場合は郵送等で対応しますが、電話などで保証・担保提供の意思を確認し、その旨記録しておきます。

Step 3　融資実行・担保・保証

　この場合、債務者や銀行員による「代筆」は避けてください。代筆の場合、保証人・担保提供者にその意思がなかった旨主張されると、（裁判等で）それを覆すのはきわめて困難です。(➡Q3・Q12)

　法人向けの融資では、通常「銀行取引約定書」を債務者から受領しますが、住宅ローン・アパートローンやその他個人向け消費者ローンの場合は、通常、金銭消費貸借契約に銀行取引約定書の内容も盛り込まれていますので、受領しません。

3-3　金銭消費貸借契約を締結する際は、その内容を顧客に充分説明します。

　特に、後日トラブルになりやすい次の事項は、しっかりと説明し、お客様に納得してもらいます。

> ▶金利は変動金利か固定金利か、変動金利の場合どのような基準で変動するのか、固定金利の場合、固定期間は何年でその後はどうなるのか、途中での変動金利と固定金利との変更の可否、およびその際の手数料
> ▶返済期限の前に、一部または全額返済する場合の手数料

　また、保証人や担保提供者に対しても、主債務者（借入人）が返済できなくなった場合を想定した、保証人資産への強制執行、担保権の実行の説明（最悪のシナリオも想定した説明）が必要です。

3-4　次に、抵当権設定登記手続き・火災保険質権設定手続きをします。

担保となる物件について抵当権設定契約を締結し、登記済権利証（登記識別情報）、抵当権設定に関する登記原因証明情報、抵当権設定者（＝担保となる物件の所有者。住宅ローン・アパートローンの場合は通常、債務者と同一。物件が共有の場合は共有者全員）の委任状・印鑑証明書・住民票、抵当権者（＝保証会社の場合が多いですが銀行の場合もあります）の委任状・資格証明書の交付を受け、司法書士に登記手続きを委任します。（➡《基礎知識6》登記済権利証（登記識別情報））

なお、抵当権設定登記の順位は原則「第1順位」で、例外的に公的金融機関・勤務先（社内融資）等のみに先順位を認めている銀行が多いようです。

また、担保となる建物については、長期の火災保険に加入してもらい、その火災保険金請求権に担保権者（保証会社または銀行）が、建物の抵当権と同じ順位の質権（火災保険金請求権は物権でなく債権なので、抵当権でなく質権となります）を取得します。これにより、万一担保の建物が火災により焼失した場合でも、当該建物の火災保険金を優先的にローンの返済金に充当できます。（具体的手順等は➡Q17）

3-5 一般の融資では、担保権設定登記は融資を実行する前に完了するのが原則ですが、住宅ローン・アパートローンの場合は、通常、購入物件イコール担保物件であり、融資金が売主・建築会社などへ交付されないと物件の買主への所有権移転は（したがって抵当権設定も）されません。

新築物件の場合は、通常、売主（デベロッパー）や施工者（建築会社）が間に入って所有権移転登記と抵当権設定登記を連件（同時に登記申請をして連続して登記すること）でおこないますので、あまり問

題はありませんが、中古物件（仲介物件）の場合（特に物件に売主の借入金のための抵当権が付いている場合）は、抵当権抹消・所有権移転・抵当権設定・融資実行のタイミングが問題となります（後記5-1**2**参照）。

また、売主（デベロッパー）や建築会社によっては「融資（内諾）証明書」を銀行が発行することにより、事前（融資実行・代金受取り前）の所有権移転・抵当権設定登記を了解するところもありますので、この場合は原則どおり融資実行前の抵当権設定登記ができます。

なお、**融資（内諾）証明書**を発行する際の留意点としては、①融資実行についての社内決裁完了後発行すること、②融資実行は所定の抵当権設定登記手続きがなされることを条件とする旨を記載すること、③当該融資証明書の有効期限を設定・記載しておくこと、などです。

3-6 融資実行

<u>融資金は、原則として自行のお客様（以下「債務者」といいます）の口座に入金し、受取証を受領します。</u>

※自行の債務者の口座へ入金する場合は、それで受取りの事実が証明できますので、銀行によっては受取証を省略するところもあります。

これは、契約は一般的に意思表示の合致（合意）によって成立しますが（「諾成契約」といいます）、金銭消費貸借契約は、合意のみでなく金銭を交付し、相手方がそれを受領することにより成立する（「要物契約」といいます。民法587条）ためです。なお、金銭消費貸借契約書には普通、「……金銭を借入れ、これを受領しました」という、いわゆる受領文言が入っていますが、これは要物契約を意識したもの

です。

　通常、融資金は一旦債務者の口座に入金された後、債務者が建築会社・物件の売主などの口座に振込みますが、売主・建築会社によっては、銀行が直接これらの口座へ振込むことを希望するところもあります。この場合には、債務者から「**代理受領**手続依頼書」（債務者にかわって売主・建築会社などが直接融資金を受領する手続きの依頼書）を受領して、手続きをします。

基礎知識 4　金銭消費貸借契約とは

　民法は、一般におこなわれる契約の典型として、13種類のものについて規定を置いており、これを典型契約といいます。

　※「契約自由の原則」により、これ以外の契約も、もちろん可能です。

　この中で、「貸借」にかかわるものは、①「使用貸借」、②「賃貸借」、③「消費貸借」の3種類であり、①と②は特定物（たとえば特定の不動産・車などで、当事者がその物の個性に着目）の貸借で、その借りた物自体を返還しますが、③は借主が不特定物（たとえば紙幣・米などで、当事者が単にその物の種類に着目）の所有権を取得し、消費し、借りたものと同じ種類ではあるが、他の物（同価値）を返還するものです。

　また、貸借料は、①は無料、②は有料であり、③は多くの場合有料（利息付）、という違いがあります。

　上記により、ローン契約は、消費貸借契約であるということになります。

基礎知識 5　抵当権と根抵当権

● **普通抵当権**（以下「抵当権」といいます）は、たとえば「平成○年○月○日付金銭消費貸借契約に基づく債権」というような、特定の債権を担保するものです。その債権が弁済等で消滅すれば、その抵当権も消滅し（「付従性がある」といいます）、同じ債権者・債務者の間で他に金銭消費貸借契約等があったとしても、それには流用はできず、当該担保物件について、後順位に他の（登記した）抵当権者がいれば、その者の順位が当然に上がります。

● **根抵当権**は、極度（枠）のかたちで設定し、不特定の債権（債権の種類は特定）を、この極度額を上限として担保するもので、根抵当権設定契約で被担保債権の範囲および極度を定めます。

「被担保債権の範囲」は、銀行融資の場合は「銀行取引による一切の債権」などとし、これで債権の種類を特定します。その範囲内であれば、被担保債権の数はいくつでも良く、また、当初の被担保債権が消滅しても、根抵当権は影響を受けず（「付従性」がない）、設定後、あらたに発生した債権も、被担保債権の範囲内で極度内であれば担保されます。

● 根抵当権は、以下のときに、その被担保債権が**確定**します（民法398条の20）。

① 根抵当権者が、抵当不動産の競売・収益執行の申立てによる差押えをしたとき、物上代位による差押えの申立てをしたとき
② 根抵当権者が、抵当不動産に対して滞納処分による差押えをしたとき
③ 根抵当権者が、抵当不動産に対する「第三者による競売手続開始または滞納処分による差押えがあったことを知った時から、2週間を経過したとき
④ 債務者または抵当権設定者が、破産手続開始の決定を受けたとき
⑤ 根抵当権者または債務者の相続開始後6ヶ月以内に、相続人の合意の登記がされなかったとき（民法398条の8第4項）
⑥ 根抵当権者が確定の請求をしたとき（民法398条の19第2項。なお、根抵当権設定者も、一定の要件で確定の請求ができます。同条1項）

被担保債権が確定するとは、当該根抵当権で担保されるべき債権の元本が特定するということです。具体的には、たとえば根抵当権の極度が1,000万円で、カードローン（極度1,000万円の当座貸越契約）の残高が確定日の12月1日に900万円、翌12月2日に950万円であった場合、当該根抵当権（確定根抵当権）で担保される債権は、カードローンの元本900万円とその利息（ただし上限は元利あわせて1,000万円）となります。

●また、カードローンの利息は、別途現金等で支払うか、極度内でさらに貸付けするかたちで支払っていただきますが（後者の場合は、通常年2回、利息相当分をさらに貸越し（追加融資）して元本に組入れます。これを「元加」といいます）、元加の前に債務者に相続が発生していた場合は、その時点（相続発生時）で根抵当の被担保債権が確定していますので、その後元加されて「元本」となった債権は、当該根抵当権では担保されません。したがって、カードローンの債務者に相続が発生した場合は、利息を元加せず、利息のままにしておく（「利払いの延滞」にさせておく）ことが必要です。

※これにより、当該利息相当分も、極度額の範囲内で当該根抵当権で担保されます。

Step 3　融資実行・担保・保証

基礎知識 6　登記済権利証（登記識別情報）

●平成17年3月7日の改正不動産登記法施行以降は、全ての登記申請について**登記原因証明情報**（登記の原因となった事実またはこれに基づき現に権利変動が生じたことを証する情報）の提供が必要となり、これは法務局に備置され利害関係人の閲覧に供されることになりました。抵当権設定登記の場合は、抵当権設定契約書がこの登記原因証明情報に相当しますが、これ（原本）を法務局に備置するわけにはいきませんので、実務的には、抵当権設定契約書をコピーして司法書士に原本証明を依頼し、これを併せて法務局に提出し、抵当権設定契約書原本は還付を受けるという扱いになります。登記原因証明情報を書面で別途作成する（様式は各行所定のものがなければ司法書士に依頼、抵当権設定者の署名捺印が必要）ことも可能です。

●登記済権利証とは、登記義務者の権利に関する登記済証のことで、当該登記義務者が以前にその権利（物件の所有権等）を取得し登記（所有権の移転登記・保存登記など）を受けた際に、登記原因証書または申請書副本に登記官が登記所（法務局）の朱印を押印して還付した書類で、権利者であることを推定させる大変重要な書類です。

　なお、登記済権利証という表紙の書類であっても、登記原因証書または申請書副本が権利の移転・保存等に関するものでなく、たとえば名義人の住所変更などの場合は「登記済権利証」ではありませんので、注意が必要です。内容をよく確認し、また、登記所の印の枠の中に受付年月日・受付番号・順位番号が記載されていることを確認してください。

　改正不動産登記法では、登記済権利証の替わりに**登記識別情報**という英数字12桁のパスワードが登記名義人（登記権利者）に通知されることになっています。なお、従来の登記済権利証は、管轄の法務局がオンライン指定庁になった後、最初に登記義務者として登記申請する際には必要です。

●従来、登記済権利証を紛失した場合、保証書を作成して対応していましたが、平成17年3月7日の改正不動産登記法施行以降は、保証書制度はなくなり、登記済権利証の紛失、登記識別情報の失念等への対応として、①登

記官による事前通知制度、②資格者代理人による本人確認制度、③公証人による本人認証、の制度が新たにできました。

①の「登記官による事前通知制度」が原則で、これは、登記申請があった場合、登記官が登記済権利証を提出できない登記義務者に対して当該登記申請があった旨およびその申請が真実であると思料するときは、原則２週間以内に申出すべき旨を本人限定受取郵便等で通知し、申出がない限り当該申請にかかる登記はできないというものです。

②は登記申請の代理を業とすることができる代理人（司法書士または弁護士。ただし当該登記申請を実際に行う者であることが必要。「資格者代理人」といいます）が当該登記義務者と面談し、本人確認、登記義務者であることの確認を行い、その情報（「本人確認情報」といいます）を登記官に提供し、登記官がこれを認めた場合は、①の事前通知を省略できるというものです。実際にはこの②の制度の利用が多いと思われます。たとえば、抵当権抹消登記で抵当権設定契約書が紛失していた場合には、司法書士が銀行の支店長等（支配人でない場合は代表取締役から「職務権限証明」の交付を受ける）と面談することになります（③の解説は省略）。

銀行実務では、通常、銀行が登記済権利証を長期に預かるということはありませんが、ローン契約は長期にわたりますので、その間に顧客の側で紛失することもあり、銀行に預けたと勘違いされる顧客もあります。そのようなときに備え、銀行では保管していないことを証明できるようにしておく必要があります。

したがって、抵当権設定登記の際などは、顧客・銀行・司法書士間の授受を書類で明確にし、<u>登記完了後、顧客への登記済権利証返却時には、預り証をきっちりと回収し、受取証はローン完済まで保管しておくことが肝要です。</u>

また、「登記識別情報」（所有権、抵当権）の授受・管理については、情報管理の観点からも注意が必要ですので、各行のルールに従って対応してください。

Step 4 管理

4-1 一般の事業資金（運転資金、設備資金）の融資は、資金繰り・決算状況などを常時チェックし、場合によっては、回収を早める交渉をしたり、担保・保証等保全を強化したりしますが、ローン、特に住宅ローンについては、定型・大量販売商品であり、貸倒れの確率も事業資金融資に比べて低いことから、「相続」「延滞」等が発生しない限り、特に「管理」としての業務はおこなっていないのが実情のようです。

※ただし、ビル・アパートローンについては、定期的にテナントの入居状況をチェックすることなどは必要と思われます。

4-2 債務者の相続発生

1 債務者死亡の連絡を受け、その時点ではローン・預金の相続人が未確定の場合は、原則として、まず返済口座（普通預金）の入出金を停止します。

ただし、ローンの返済について延滞とならないよう、極力すみやかに、原則として相続人全員名の、「相続手続きはまだ確定していないが、ローンの返済は従来の口座から引続いておこなってほしい」旨の「依頼書」を受理して、引落しを継続します。

この依頼書がいただけない場合は延滞となりますが、すぐに遅延損害金（年14％）を請求するかどうかは、銀行によって取扱いが異なります。

また、相続人全員の印鑑をすみやかに揃えることが困難な場合、延滞となることを防ぐため、実務的には当面の措置として、一部の相続人の印鑑で対応しています。この場合、「他の相続人からの異議等が

あった場合は、当該一部の相続人の責任で対処する」旨の確認文言を入れた「依頼書」を提出していただきますが、他の相続人も、遅延損害金の発生は望まないと思われますので、後日クレームになることは少ないと考えられます。

その後の手続きについては➡Q 22 参照。

❷　通常の住宅ローンなど、団体信用生命保険付のローンは、同保険の保険金請求の手続きに入ります。

4-3 延滞管理

返済が滞ると、一般的に（銀行のシステムによりますが）本部のセンターから機械作成の督促状が債務者に直接郵送され、同時に各営業店には延滞者リストが還元されます。

営業店（または本部のローンセンター等）では、このリストを基に電話等でも入金督促をします。この際、単に「入金のお願い」のみでなく、「いつ入金していただけるか」を確認し、約束の日に入金がなければ翌日には必ず電話するなどの、きめ細かい対応が肝要で、管理・フォローのしっかりした銀行だという印象を債務者にもっていただくことが、延滞者の数を減らすことにつながります。

なお、電話による督促は、通常は、まず債務者個人の携帯電話あてに行い、電話口の相手の氏名を確認（「○○様の携帯電話でしょうか」など）後に銀行名等を名乗り、用件に入るようにします。

通じない場合は、自宅、職場の順で架電します。いずれの場合も上記と同様に、本人が電話に出たことを確認後に銀行名等を名乗り（本人以外の人に発信者を聞かれた場合は、担当者の個人名のみ名乗りま

す）用件に入るようにし、不在の場合の「折り返し電話」の伝言も避ける（または　担当者の個人名にします）など、プライバシーに十分配慮すべきです。

　延滞月数が多くなった場合は、ご来店いただき、事情のヒアリング・返済計画の相談をおこないます。ご来店いただけない場合や、それでも入金がない場合は、内容証明郵便による督促や、自宅等への訪問による督促となります。（➡《基礎知識7》内容証明郵便）

4-4 繰上増額返済

　当初の金銭消費貸借契約に基づく返済（約定返済）以外に、（余裕資金などで）返済することを、繰上（一部）増額返済といいます。

　この繰上増額返済後は、その後の残債務の返済について、①毎月の返済金額は今までどおりにして、返済期間を短縮するか、②返済期間はそのままにして、毎月の返済金額を減らすか（毎回でなくボーナス返済分のみ減らすか）、などを債務者に選択していただきます。

　この手続きについてお客様（債務者）に説明すべき一般的な注意点は、次のとおりです（具体的には銀行によって異なります）。

> ▶増額返済額の最低額等が決まっていることが多いこと（たとえば30万円以上で10万円単位）
> ▶増額返済できる日は決まっていることが多いこと（たとえば毎月の約定返済日）
> ▶手数料が必要となること（前記①・②によって、金額は通常異なります）

基礎知識 7 内容証明郵便

- 内容証明郵便とは、郵便法 48 条に規定されている郵便物の特殊取扱い制度の 1 つで、差出人からの申し出により、当該郵便物（文書）の内容を郵便局（日本郵便）が謄本で証明するもので、書留扱いとなりますが、あわせて配達証明扱いとしておくことが重要です。また、確定日付（作成された日付に関し、法律上完全な証拠力がある）の効果があります（民法施行法 5 条）。
- 内容証明郵便の作成については、その形式が細かく定められており、それに従って作成しなければ、郵便局で受付けられません。

　形式の主なポイントは、次のとおりです。

- ▶ 用紙 1 枚あたりの字数に制限があること（用紙は自由）。
  1 行 20 字・1 枚 26 行以内（ただし、横書きの場合は 1 行 13 字・1 枚 40 行、または、1 行 26 字・1 枚 20 行以内でも可）。
  括弧・句読点は、1 個を 1 字と数える。
  用紙の末尾は、郵便認証司の証明文言が記載されるため、数 cm 空けておく。
- ▶ 用紙が複数にわたる場合は、綴って（ホチキス等でとめても可）1 枚ずつ発信人の印で前葉と割印をする。
- ▶ 同内容の書類を 3 通作成し、開封のまま郵便局へ持参する。
- ▶ その他、訂正の仕方にもきまりがある他、使用できない文字・記号（たとえば、英文字は固有名詞以外使えない）もある。

Step 5 回収

5-1 完済

1 通常の場合

　当初の金銭消費貸借契約どおり約定返済を終了したときは、債務者に金銭消費貸借契約書、抵当権設定契約証書を返却し（銀行内部の係印・検印等には消印を押す）、抵当権の抹消登記に必要な書類、火災保険証券・火災保険質権消滅通知書を渡し、受取書を受理します。

　※火災保険証券は、後順位質権者がいる場合は、債務者でなくその質権者に交付します。

　抵当権の抹消登記に必要な書類は、次のとおりです。

---

① 抵当権設定契約証書（設定登記時の法務局の赤い受付印が押してあるもの）、または当該抵当権に関する登記識別情報
② 抵当権解除証書（登記原因証明情報になります）
③ 抵当権抹消登記用の委任状
④ 資格証明書
　※③・④は、保証会社保証のローンの場合で、抵当権者もその保証会社のときは、その会社の代表者のもの。
　（注）銀行が抵当権者のときは、支店長が商法22条の支配人登記がしてある支店は支店長名、していない支店は代表取締役名。

　抵当権の抹消登記手続きは、上記①～④の書類をお客様（債務者、担保提供者）に渡して、原則、お客様のほうで手続きをしていただきますが、希望があれば、銀行が司法書士を紹介します。

なお、前記①の書類を紛失（登記識別情報の場合は「失念」等）した場合は、権利書等の紛失・失念の場合と同様の手続きが必要です。

(➡《基礎知識6》登記済権利証（登記識別情報))

ローン完済後、何年かして、抵当権の抹消登記手続きをしようとしたら抵当権設定契約証書が見当たらない（銀行から交付を受けていない）とのクレームもしばしばありますので、お客様からは必ず受取証をいただき（受取証は長期保存）、また、抵当権の抹消登記手続きは、すみやかにおこなうようアドバイスをしてください。

2 繰上完済の場合

当初の約定の返済期限到来前に、余裕資金・物件売却資金などで債務の全額を返済することを、繰上完済といいます。

手続きの基本は、前記の約定完済と同じですが、（利息計算の関係で）完済金額が完済日によって異なりますので、事前に連絡を受け、準備しておく必要があります。通常、金銭消費貸借契約書等に「○○日前までに借入人から連絡する」という約定が入っています。

また、物件（担保物件）売却資金による完済の場合は、完済資金（＝物件売却代金）の入金と抵当権抹消のタイミングが問題となります。物件の買主は前所有者の抵当権（登記）が抹消されなければ代金の支払いはしませんし、銀行（当行）は完済資金の入金を確認しなければ抵当権抹消に応じないからです（特に物件買主が他行のローンを利用する場合は、複雑になります）。

この場合の方法は、①当行に、物件の売主（当行債務者）・買主・不動産仲介業者・司法書士（できれば当行が指定）・買主側ローン実行銀行の担当者に集まっていただき、②不動産売買契約の履行に問題

Step 5 回 収

がないこと、買主側資金手当（ローン手続き）に問題がないこと、登記関係書類（抵当権抹消・所有権移転・抵当権設定）に不備がないことを関係者で確認し、③相手行にローンの実行を依頼、④資金の当行（債務者の口座）到着確認後、⑤正式に抵当権抹消書類を渡す、という手順にするのが良いでしょう。そして、その後、⑥司法書士が（当行）抵当権抹消・所有権移転・（相手行）抵当権設定の登記を、同時に申請することになります。

※なお、上記②について、売買契約の障害となり当日の決済が延期になる原因として、売主の印鑑証明書の住所が物件登記簿上の所有者の住所と異なっている、ということがあります。住民票を揃えて、関連が繋がるようにしておく必要があります。

5-2 代位弁済（保証会社による保証履行）による回収

1 長期延滞の場合

延滞が一定の月数になると、銀行は保証会社に対して、代位弁済（保証履行）を請求します。（➡《基礎知識8》代位弁済）

この月数は、銀行と保証会社との協定によって決められており、3〜6ヶ月程度のことが多いようです。ただし、通常、債務者と銀行との金銭消費貸借契約には、「借主が返済を遅延し、銀行から督促をしても返済しなかったときは、期限の利益を失い……」としか定められておりませんので、延滞の常習者・今後の返済がきわめて困難と判断される場合などでは、銀行と保証会社が協議のうえ、延滞1〜2ヶ月でも期限の利益を喪失させ、代位弁済がされることがあります。

（➡《基礎知識9》期限の利益・失期）

代位弁済の一般的手順は、次のとおりです。

① 保証会社に代位弁済を依頼し、日程を打ち合わせる。
② 内容証明郵便による**支払催告書**発信。

支払催告書の記載事項
- ○月○日までに延滞分の入金がなければ、期限の利益を喪失させ、全額請求することになること
- その後、代位弁済を請求することになること
- 代位弁済になると、個人信用情報センターに事故登録がされる（今後他行からの借入れも事実上できなくなる）こと

③ 指定した日までに入金がない場合は、その日付で「期限の利益喪失通知（＝**失期通知**）」を、内容証明郵便で発信（【資料1】P174参照）。（➡《基礎知識7》内容証明郵便）
④ 預金があれば相殺し、**相殺通知書**を内容証明郵便で発信（【資料2】P175参照）。（➡《基礎知識10》相殺とは）
⑤ 代位弁済を受け、**代位弁済通知**（債権者が保証会社にかわった旨の通知）を発信。

※上記③または④の通知書に、代位弁済を受ける旨付記しておき、この代位弁済通知は別途、保証会社から出すことも多いようです。

2 債務者が行方不明、債務者の預金が差押えられるなど、金銭消費貸借契約上の「当然失期」の状態となった場合（➡Q31）

債務者が上記状態となった場合は、前記②、③の通知は必要なく、ただちに④、⑤の手続きに入ります。ただし、実務的には念のため、「失期通知」は出しておくことが多いようです。この場合、失期日は、

Step 5 回　収

預金の差押えであれば、差押通知の到達日となります。

　なお、自己破産、民事再生手続開始等法的整理の申立ては、事業法人向けの金銭消費貸借契約では、通常「当然失期」となっていますが、個人向けの契約では、「請求失期」とされているものが多いようです。

❸　破産管財人が選任されている場合等

　破産の場合で、破産手続開始決定がなされ破産管財人が選任されている場合は、各種通知書等の通知先（宛先）は、債務者でなく破産管財人となります。債務者に通知しても、法的には効力はありませんので注意してください。

　また、弁護士が債務者の代理人として、破産手続開始の申立てをした旨（または債務整理について受任した旨）、および「今後の一切の連絡は、債務者でなく代理人弁護士にするように」という内容の通知をしてくるケースもよくあります。この場合は、破産手続開始決定はいまだ出ていない（したがって、破産管財人が選任されていない）ことを当該弁護士に確認してから、その代理人弁護士宛（債務者○○代理人弁護士△△宛）に、各種通知書等を送付するようにします。

　なお、個人の破産の場合は、破産者に資産が少なく、破産手続遂行の費用もない場合、「同時廃止」といって、破産手続開始決定と同時に破産廃止の決定がなされ、破産管財人の選任等がなされないことも多く、この場合は、各種通知書等の送付先は債務者のまま（または代理人弁護士）です。

　ただし、自宅などの不動産がある場合は、原則として同時廃止にはならないようです。（➡ Q 35）

　民事再生の場合は、通常、各種通知書の送付先は債務者のまま（ま

たは代理人弁護士）です（再生管財人が選任される場合は、当該管財人宛となりますが、選任されるケースはほとんどないようです）。

5-3 保証会社による回収（代位弁済後）

　保証会社は、原則として、長期分割弁済による回収ではなく、個人の保証人への請求、担保物件の売却（任意売却、競売）により回収します。

基礎知識 8　代位弁済

　「代位」とは、権利の主体または客体である地位に代わって、という意味です。
　保証人が弁済すると、保証人は債権者が持っていた担保権（普通抵当権等）等を、債権者に代わって行使できます。これを弁済による代位（民法500条）といい、この代位をともなう弁済を、代位弁済といいます。

基礎知識 9　期限の利益・失期

　たとえば、4月1日に返済期日9月30日（借入期間6ヶ月）という条件でお金を借りたAさんは、9月29日までは、債権者に借金の返済を要求されても拒否できます（期限までは安心して借入金を利用することができます）。このことを、Aさんは9月29日までは「**期限の利益**がある」といいます。
　この例のように、期限の利益は、一般的には債務者側にあります（民法136条1項）。なお「預金」は、逆に銀行が債務者で、期限の利益は銀行にありますので、満期までは原則として払戻し（中途解約）を拒否できます。
　この、期限の利益がなくなることを、期限の利益の喪失、略して**失期（または期失）**といいます。

Step 5 回 収

　期限の利益の喪失には、（契約で定められた一定の事由が債務者に発生し）債権者が期限の利益を奪う場合と、債務者自ら放棄する場合がありますが、通常、失期という場合は、前者をいいます。
　失期させる目的は、相殺・保証履行（代位弁済）・担保権実行の前段階として、元本全体の返済期日を到来させておくことです。また、失期後の金利（遅延損害金）は、銀行の場合、普通は金銭消費貸借契約の条項によって失期の翌日から年14％となりますので、（支払能力がまったくないわけではない債務者に対しては）早期返済への圧力ともなります。

基礎知識 10　相 殺 と は

●相殺とは、たとえば銀行がＡさんに対して貸金債権（ローン）を持ち、その債務者が銀行に対して預金債権を持っている場合（＝互いに金銭債権を持っている）のように、二人の者が互いに同種の債権を持つ場合、相互に現実に弁済するかわりに、当事者の一方の意思表示により相互の債権を対当額だけ消滅させることです（民法505条）。
●相殺をおこなうには、次の要件が必要であり、これを**相殺適状**といいます。

　▶二人の者が、互いに対立した同種の債権を持っていること
　▶双方の債権が、弁済期にあること

●相殺しようとする者の持っている債権を**自働債権**、相殺を受ける側が相殺する側に対して有している債権を**受働債権**といいます。銀行がローンと預金とを相殺する場合は、ローンが自働債権、預金が受働債権となります。
●相殺は、当事者の一方より相手方に対する意思表示によりなされ（民法506条1項）、「意思表示」は、相手方に到達することでその効力が生じます（民法97条1項）。
　したがって、通常は郵送期間を考慮し、相殺通知書を相殺実行日の2〜3

日前に発送します。

　※ただちに相殺したい場合は、電話等で通知して相殺を実行し、その後ただちに相殺通知書を送付します。

　実際に配達証明で送達を確認できるのは、発送から１週間程度先になりますが、実務上はこの送達の確認の前に、相殺をおこなっています。これは、万一何らかの理由で送達が遅れたり、送達されなかった場合でも、相手方がその旨申し出てきたときに改めて口頭ででも通知すれば、相殺適状になった時点に遡って相殺の効力が生じるから（民法506条２項）です。

　また、相手方が住所変更届を怠って到達しない場合でも、普通、金銭消費貸借契約書等には、そのような場合でも「通常到達すべき時期に到達したものとみなす」という**みなし到達規定**があり、これが適用されます（Ⅲローン契約書（付、保証条項）第11条〈解説〉（P167）参照）。

●通常、銀行取引約定書や金銭消費貸借契約の相殺条項に基づき、相殺を実行します（約定相殺）ので、相殺時の利息の計算は、預金は相殺実行日の前日まで、貸付金の利息は相殺実行日の当日までとします。ちなみに約定の相殺条項がない場合は民法505条以下に基づく相殺となり、法定相殺といいます。

　約定の期限未到来の債権・債務の場合は、銀行の債権（ローン等）は失期により、債務（預金等）は銀行が期限の利益を放棄することで、それぞれ弁済期となり、相殺適状となります。

　この期限の利益の放棄については、民法136条２項に規定があり、それ（放棄）はできるが、相手方の利益を害することはできないとされていますので、預金について銀行が期限の利益を放棄するときは、満期までの利息を支払う必要があるという解釈もできます。

　しかし、約定相殺の場合は、この相殺条項により、預金の利息は相殺実行日の前日までで良いことになります。

II Q&A

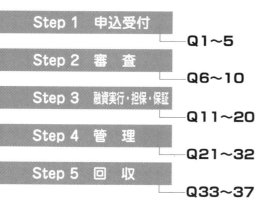

- Step 1 　申込受付 — Q1〜5
- Step 2 　審　査 — Q6〜10
- Step 3 　融資実行・担保・保証 — Q11〜20
- Step 4 　管　理 — Q21〜32
- Step 5 　回　収 — Q33〜37

ANSWERを読むときの注意

　紙面の関係・本書の執筆方針により、主要な判例の考え方、または現時点での主流と思われる考え方を、コンパクトにまとめています。具体的な個別事案ごとに事情は異なりますし、判例も世の中の動きに応じて変更されます。したがって、**現時点における問題解決の参考指針**として読んで下さい。

　なお、Q＆Aは、「Ｉ　融資業務のあらまし」の各Step——1　申込受付、2　審査、3　融資実行・担保・保証、4　管理、5　回収——の順に整理しましたので、関連付けて理解してください。

　なお、〈基礎知識〉には、1歩進んだ法律問題もとりあげています。

Step 1 申込受付

Q1 融資業務において「コンプライアンス」の観点から特に気をつけることは何ですか。

A

1-1 コンプライアンス（compliance）とは、日本語では「法令等遵守」という意味で、銀行など企業が業務をおこなうにあたっての基本姿勢をいいます。

法令や規則やその他社会的規範を守るということは、一見当り前と思われますが、従来、総会屋への利益供与事件や、ディーリングの巨額損失隠蔽事件があり、近年では、シェアハウス投資に絡む審査資料改ざんによる不適切融資などがあり、「業績至上主義」の偏重、誤った「組織防衛」の意識により、かえって金融機関としての信用を大きく損ない、甚大なダメージにつながっています。

営業店の日常業務の中で注意すべきことは、前記の故意の審査資料の改ざんは論外ですが、貸出先（反社会的勢力ではないか等）や資金使途（公序良俗に反しないか）の妥当性や、融資をする際に投信の購入等他の取引をすることを条件としたり（優越的地位の濫用）していないかなどです。

近年、銀行のカードローンで問題になっている、「過剰融資」の問題も（貸し手責任＝レンダーズライアビリティーの問題でもありますが）広い意味でコンプライアンスの問題と捉えることもできると考えられます。銀行は、顧客の収入と他からの借入を含めた年間返済金額の比率（一般的には1/3以下が目安とされています）から返済能力を適正に把握し、それを超えた融資は控えること、また、いきすぎたテ

レビ CM 等の自主規制も求められています。

Q2 高齢化が進み認知症の老人が増えていますが、銀行取引（融資取引）の面ではどのように対応したら良いのでしょうか。また、「成年後見制度」とはどのようなものですか。

2-1 制限能力者の制度

1 未成年（幼い子供）や認知症の老人など、物事の判断能力が充分でない人が、財産の処分などの行為をすることは、本人の財産の保護という観点から問題があります。

このような、いわゆる社会的な弱者を法的に守るため、本人単独での行為能力を制限する制度（「弱者保護」を「取引の安全（安定）」に優先させる制度）が必要となります。

2 ① 未成年の場合 は、法定代理人である親権者（親）が子供の代理人として取引するか、法定代理人の同意を得て本人と取引します。

※この同意を得ずに本人とのみ取引すると、その取引は後で取消される可能性があります（民法5条・818条・824条）。

② 成年の場合 は、判断能力の程度に応じて家庭裁判所に後見人・保佐人・補助人を選んでもらい、それらの人が代理権（本人に代わって法律行為をする）・同意権（本人の行為について同意を与える）・取消権（本人が単独でおこなった行為を取消す）を行使することにより、本人の取引を保護します（民法7条～18条）。

Step 1 申込受付

この制度を**成年後見制度（法定成年後見制度）**といいます。
※このほかに**任意後見制度**があります（【図1】参照）。

図1 制限能力者の保護

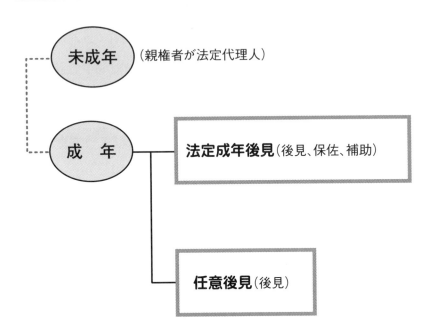

2-2 （法定）成年後見制度の概要

　成年後見制度は、民法改正により平成12年4月1日より施行されたもので、法定後見制度は、おおまかに言って、従来の禁治産者が被後見人、準禁治産者が被保佐人とされ、また、あらたに軽度の精神上の障害がある人のために、補助人の制度が創設されました。

　簡単にいいますと、**被後見人**は、精神上の障害により日常品の買い

物もできず、判断する能力をまったく失っており、別の人がすべてをおこなう必要のある人、**被保佐人**は、日常品の買い物は一人でできるが、重要な財産行為は常に誰かの援助を必要とする人、**被補助人**は、判断能力が不充分であるので、重要な財産行為を一人でおこなうことには、やや不安があり、誰かに代行してもらうと良い人です。

後見・保佐・補助の3類型の概要は、【表2】のとおりとなっており、開始の手続きは、【表2】にある一定の申立権者が家庭裁判所に申立てをし、医師の鑑定・診断書を参考にして審判されます。審判がされると、登記がなされます。

※従来の禁治産・準禁治産者制度では、戸籍に記載されましたが、改められました。

この登記事務は当面、東京法務局のみで取扱われ、閲覧・謄本等の請求は前記の申立権者等、一定の者に限られます（銀行はできません）。

なお、登記事項証明書等の発行は、平成17年1月31日から全国の法務局で取扱いができるようになりました。

また、開始の申立てから審判がなされるまでは、通常3～6ヶ月程度、申立費用・鑑定費用は、合計12～13万円程度（後見人等への報酬は別途）かかるようです。

2-3 任意後見制度の概要

任意後見制度とは、将来、精神上の障害等により判断能力が不充分になったときに備えて、あらかじめ（判断が正常なうちに）後見人を定めておく制度で、本人と任意後見受任者（後の任意後見人）との間

Step 1　申込受付

表2　法定後見制度の概要

	後見	保佐	補助
対象となる方	判断能力が欠けているのが通常の状態の方	判断能力が著しく不十分な方	判断能力が不十分な方
申立てをすることができる人	本人、配偶者、四親等内の親族、検察官、市町村長など(注1)		
成年後見人等（成年後見人・保佐人・補助人）の同意が必要な行為	(注2)	民法13条1項所定の行為(注3)(注4)(注5)	申立ての範囲内で家庭裁判所が審判で定める「特定の法律行為」（民法13条1項所定の行為の一部）(注1)(注3)(注5)
取消しが可能な行為	日常生活に関する行為以外の行為(注2)	同上(注3)(注4)(注5)	同上(注3)(注5)
成年後見人等に与えられる代理権の範囲	財産に関するすべての法律行為	申立ての範囲内で家庭裁判所が審判で定める「特定の法律行為」(注1)	同左(注1)
制度を利用した場合の資格などの制限	医師、税理士等の資格や会社役員、公務員等の地位を失うなど(注6)	医師、税理士等の資格や会社役員、公務員等の地位を失うなど	

（注1）本人以外の者の申立てにより、保佐人に代理権を与える審判をする場合、本人の同意が必要になります。補助開始の審判や補助人に同意権・代理権を与える審判をする場合も同じです。
（注2）成年被後見人が契約等の法律行為（日常生活に関する行為を除きます。）をした場合には、仮に成年後見人の同意があったとしても、後で取り消すことができます。
（注3）民法13条1項では、借金、訴訟行為、相続の承認・放棄、新築・改築・増築などの行為が挙げられています。
（注4）家庭裁判所の審判により、民法13条1項所定の行為以外についても、同意権・取消権の範囲とすることができます。
（注5）日用品の購入など日常生活に関する行為は除かれます。
（注6）公職選挙法の改正により、選挙権の制限はなくなりました。

平成31年1月　成年後見制度パンフレット（法務省ホームページ）より

で公正証書により任意後見契約を締結し、受任者に対して後見事務の全部または一部について代理権を付与します。この契約内容については、公証人からの登記所への嘱託により、登記（任意後見登記）がなされます。

　任意後見登記がなされている場合において、本人の判断能力が不充分な状況に至った場合、本人・配偶者・四親等内の親族等の申立てにより家庭裁判所が**任意後見監督人**を選任し、これにより任意後見契約が効力を生じ、任意後見人が委任された範囲で本人の代理人となります（任意後見契約に関する法律2条・3条・4条等）。

　なお、実務上は、この任意後見契約と併せて（財産管理等の事務に関する）通常の「委任契約」も締結することが多いようです。これは、任意後見契約は上記のように、将来、本人の判断能力が低下した後の発動となるので、たとえば、現在、判断能力には問題ないが体が不自由な場合などは、この委任契約もあるとすぐに代理人に依頼ができ便利だからです（将来、判断能力が低下した場合は任意後見に基づく事務処理に移行することになります）。銀行の店頭に代理人がこのような2種類の契約内容の任意後見契約書（公正証書）(注)を持参することもあります。この場合は（任意後見開始前でも）当該代理人との契約は可能ですので注意してください。

　（注）「委任契約及び任意後見契約公正証書」というような名称が多い。
　　・委任契約は任意後見契約が効力を生ずることで、終了する内容になっている。
　　・委任契約、任意後見契約それぞれについて、［代理権目録］が付いているので、銀行の融資手続についての代理権が付与されていることを確認する。

Step 1 申込受付

2-4 実務上の対応について

1 認知症老人など、意思能力のない人との法律行為（契約など）は無効です。また、前記のとおり、制限能力者（未成年者・成年被後見人・被保佐人・被補助人）との取引は、取消されることがあります。

2 融資実務では、通常「成年被後見人等の制限能力者でない旨」「将来制限能力者の審判を受けた場合は銀行に届け出る旨」の「確認書」を受理します。

また、意思能力に不安があると思われるが、審判を受けていない場合は、取引を見合わせます。（➡Q3）

審判を受けている場合は、登記事項証明書を顧客経由で入手し、内容を確認しますが、後見の場合は借入行為・担保設定行為は、（本人でなく）法定代理人たる後見人と契約します。保佐・補助の場合は、保佐人・補助人の同意を得て、本人と契約することになりますが、保佐人・補助人に代理権が付与される場合もありますので登記事項証明書にて確認してください。

なお、本人（成年被後見人）の居住用の不動産に担保権を設定するには、家庭裁判所の許可が必要です（民法859条の3他）。

Q3 アパートローンを実行しようと思いますが、借入人が高齢で手が不自由なため、文字が書きづらいので、連帯保証人である息子が、借入人本人と銀行の行員の立会いのもとで代筆したいとの申し出がありましたが、問題ないでしょうか。

また、借入人が入院中で意思能力に不安がありますが、法定（推定）相続人全員が連帯保証人となるので融資をお願いしたいとの申し出がありました。問題ないでしょうか。

A

3-1 Q12でも後述しますが、代筆は極力避けるべきですが、怪我や病気で手が不自由な場合など、やむをえない場合は、役席者の判断で承認することもあります。この場合は、法定（推定）相続人等利害関係者の立会いを求めます。

そして、本人の意思能力がはっきりしていること、どういう事情で誰が代筆し、立会人は誰かなどを当該契約書などに記録し、立会人の署名・捺印をもらっておくことが必要です。

実務上は、極力、委任状または代筆の確認書（【資料4】P182参照）1枚の名前だけでも何とか自書していただき（本人の意思能力に問題ないことが前提ですが）、その後のことは代理人または代筆者にしていただくようにすべきでしょう。

※委任の場合、前記の立会人の署名・捺印は、この委任状にもらいます。

Step 1 申込受付

3-2 高齢者の場合、意思能力にも問題があることも多いものですが、意思能力がない場合は、本人の行為（借入行為＝主債務）は無効となります。さらに、保証債務もその付従性により無効となりますので、法定（推定）相続人全員が連帯保証人となっていても意味がありません。

なお、主債務が無効でも、連帯債務者には請求ができますので、本人の意思能力について不安がある場合は、連帯保証ではなく連帯債務とすることも一法です。（連帯債務については➡Q 19）

ただし、お客様側が本人の相続対策としてこの債務を利用しようと考えている場合、連帯債務とした場合のその税務上の取扱い等については問題となることもありますので、お客様（債務者）側の責任で、税理士・税務署等に充分確認いただくよう依頼し、不確実な説明をして銀行が責任を問われないよう注意して対応することが必要です。

また、本人の意思能力に問題がある場合は、成年後見制度の利用を勧めることが原則です。（➡Q 2）

Q4 アパートローンで、敷地は個人が所有しているのですが、債務者は法人（資産管理会社等）にしたいとの相談がありました。当該個人は保証人にもなる予定です。当該法人の取締役会決議等は必要ですか（①）。

A

4-1 当該個人が当該法人の「取締役」の場合に注意が必要ですので（監査役や、単なる株主の場合は問題ありません）その前提で解説します。

①の場合、会社（法人）の取締役が、会社の債務のため

Ⅱ　Q&A

> また、逆に、債務者は個人ですが、敷地の所有者や保証人が法人（資産管理会社等）である場合はどうですか（②）。

に担保提供（物上保証）をしたり保証をしたりする関係ですので、取締役が自らの利益のために会社を利用するという関係にはありません。したがって、取締役会等の会社の機関決定は不要です。

　一方、②の場合は、取締役個人の債務の為に、会社が担保提供（物上保証）をしたり保証をしたりする関係ですので、取締役が自らの利益のために会社を利用するという関係になりいわゆる**利益相反**の関係になります。したがって、当該会社が取締役会非設置会社の場合は会社法356条1項3号により株主総会の、取締役会設置会社の場合は会社法365条1項により取締役会の、それぞれ承認が必要となります。なお、取締役会の承認の場合は、会社法369条2項により当該取締役は**特別利害関係人**として決議に参加できません（株主総会の場合は同様の条文はなく、参加できます）。

　なお、この取締役会設置会社かどうかは、会社の登記簿謄本で確認します。

Step 1　申込受付

議事録見本

取締役会議事録（例）

　〇年〇月〇日　午前〇時〇分、東京都〇区〇町〇丁目〇番〇号、本店会議室において当社取締役会を開催した。

　　　取 締 役 数　　　　　　　　　　　　〇名
　　　出席取締役　　　　　　　　　　　　〇名
　　　（但し、特別利害関係人である　A、Bを除いた場合〇名）

　上記のとおり法定数に達したので、（代表）取締役Cは定刻議長席につき、開会を宣するとともに直ちに議案の審議に入った。

決議事項：
 1．当社取締役Aの□□銀行からの借入に対し、当社が連帯保証する件。
 2．当社取締役Aの□□銀行からの借入に対し、当社が後記＜物件の表示＞記載の不動産を担保提供する件。
 3．当社取締役Bの連帯保証に係る、当社取締役Aの□□銀行からの前記借入に対し、当社が併せて連帯保証（担保提供）する件。

　議長は、当社取締役Bの連帯保証に係る、当社取締役Aの□□銀行からの借入に対し、当社に連帯保証ならびに後記＜物件の表示＞記載の不動産の担保提供の要請があった旨説明し、会社法第365条1項にて準用する会社法第356条1項3号に基づき承認（利益相反取引）を求めたところ、特別利害関係人であるABを除く出席取締役全員の一致をもって承認可決した。

⑴　債　務　者　〇〇県〇市〇町〇丁目〇番〇号
　　　　　　　　A
⑵　債　権　者　東京都〇区〇町〇丁目〇番〇号
　　　　　　　　株式会社　□□銀行　（取扱店　〇支店）
⑶　借入金額　　〇年〇月〇日付　ローン借入申込書（金銭消費貸借契約書）に基づく借入金　金〇〇〇円

<物件の表示>
　　　所　在
　　　地　積
　　　　・
　　　　・
　　　　・

　以上をもって本取締役会における議案の審理を終了したので、午前○時○分、議長が閉会を宣した。
　上記議事の経過の要領およびその結果を明確にするため本議事録を作成し、議長および出席取締役が次に記名押印する（但し、特別利害関係人であるA、Bは、議決には参加していない）。

○○年○月○日
○○株式会社　取締役会
　　議　長　（代表）取締役　　　　　C　　　㊞
　　　　　　取締役　　　　　　　　□　　　㊞
　　　　　　取締役　　　　　　　　□　　　㊞
　　　　　　取締役　　　　　　　　□　　　㊞

（注１）　上記議事録における取締役の「利益相反」の内容について。
　①A取締役の借入について、会社が保証人、担保提供者になる。
　　→A取締役は、個人の借入について会社に保証（担保提供者）させる関係になるので、会社と利益相反になる。
　②上記A取締役の借入について、B取締役が保証人になり、併せて会社も保証人（担保提供者）になる。
　　→B取締役は、会社も保証人（担保提供者）になることよって自分の保証負担が軽減される関係にあるので、会社と利益相反になる。
（注２）　取締役会の定足数と、特別利害関係人について
　　　特別利害関係人である取締役は、定足数に含まれません。
（注３）　保証会社保証となる場合の議事録例（上記　議事録（例）の修正例）

Step 1　申込受付

決議事項：
1. 当社取締役Ａの□□銀行からの借入について、当社が□□保証㈱に対し連帯保証する件。
2. 当社取締役Ａの□□銀行からの借入について、当社が□□保証㈱に対し後記＜物件の表示＞記載の不動産を担保提供する件。
3. 当社取締役Ｂの□□保証㈱に対する連帯保証に係る、当社取締役Ａの□□銀行からの前記借入について、当社が併せて□□保証㈱に対し連帯保証（担保提供）する件。

議長は、当社取締役Ｂの連帯保証に係る、当社取締役Ａの□□銀行からの借入について、当社に、□□保証㈱に対する連帯保証ならびに後記＜物件の表示＞記載の不動産の担保提供の要請があった旨説明し、会社法第365条１項にて準用する会社法第356条１項３号に基づき承認を求めたところ、特別利害関係人であるＡＢを除く出席取締役全員の一致をもって承認可決した。

(2)の後に、
　(3) 保証会社　　東京都〇区〇町〇丁目〇番〇号
　　　　　　　　　□□信用保証株式会社
　を挿入し、(3) 借入金額 → (4) 借入金額　とする。

議事録見本

株主総会議事録（例）

〇年〇月〇日　午前〇時〇分、東京都〇区〇町〇丁目〇番〇号、本店〇会議室において当社臨時株主総会を開催した。

　　　　発行済株式の総数　　　　　　　　　〇株
　　　　議決権を有する総株主の数　　　　　〇名
　　　　総株主の議決権の数　　　　　　　　〇個
　　　　出席株主の数（委任状出席を含む）　〇名
　　　　出席株主の議決権の数　　　　　　　〇個

以上のとおり出席があり、臨時株主総会は適法に成立したので、定款の規定により代表取締役社長〇〇は議長席につき、開会を宣し、直

ちに議事に入った。

　議案　　利益相反取引承認の件

　議長は、当社取締役Bの連帯保証に係る、当社取締役Aの□□銀行からの借入に対し、当社に連帯保証ならびに下記＜物件の表示＞記載の不動産の担保提供の要請があった旨説明し、会社法第356条1項3号に基づき承認を求めたところ、満場異議無く承認可決された。

＜物件の表示＞
　　所　在
　　地　積
　　　・
　　　・

　以上をもって本臨時株主総会の議案の審議は終了したので、議長は午前○時○分閉会を宣した。

　上記の決議を明確にするため本議事録を作成し、議長および出席取締役が次に記名押印する。

　　　議　長　（代表）取締役　　　　□　　　㊞
　　　　　　　　　　　取締役　　　　□　　　㊞
　　　　　　　　　　　取締役　　　　□　　　㊞
　　　　　　　　　　　取締役　　　　□　　　㊞

○年○月○日
　　○○株式会社
　　　議長　代表取締役　　○○

（注1）①株主総会の場合は、特別利害関係人の出席・採決への参加は、会社法上制限はない。
　　　　②保証会社保証の場合は、取締役会議事録（例）に倣って修正のこと。

　これら議事録は、基本的には先方の会社で作成すべきものですが、実務上「見本」を求められることもしばしばあります。その場合あくまで「参考」として提示し（事案に沿って銀行が全て作成することは不可）、債務者の知り合いの弁護士・司法書士等に相談・作成・チェックしていただくように依頼してください。

Q5 アパートローンの担保となる土地の一部に、未登記の古屋が建っています(居住者はいません)。この建物は老朽化が進んでおり建物としての価値はゼロで、将来的には取り壊す予定とのことです。

銀行としてはこの土地をそのまま担保にとっても問題はないのでしょうか。

A

5-1 債権者が土地に抵当権を設定するときに既に同一所有者の建物が存在する場合、その双方について抵当権を設定しておかないと、将来その債権者が競売を申し立てた場合、競落人は当該土地（敷地）は取得しますが当該建物は取得できません。

この場合、当該建物の所有者は土地の利用権のない建物を所有することになってしまうので、民法388条で地上権を設定したものとみなされます。これを**法定地上権**といいます（この場合の「建物」は登記済・未登記を問いません）。

その結果、当該建物の敷地部分については、土地の評価が地上権の負担の付いたものになりますので、評価が大幅に（借地権割合相当分）下がります（都市の住宅地で通常60～70%程度ダウン）。

したがって、銀行としては①抵当権設定時に土地の上に建物が存在し、②当該土地と建物が同一に所有者に属していること（異なっていれば何らかの土地利用権があると思われる）、の2つの要件があるときは競売時に法定地上権が発生するので、当該建物にも（建物の保存登記を済ませて）抵当権を設定・登記するか、土地に抵当権を設定する段階で、当該建物を取り壊しておいてもらう必要があります。

なお、土地に抵当権設定後しばらくして当該建物を取り壊した場合、再築されると、旧建物を基準とした法定地上権が発生しますので（大判昭和10年8月10日）、あらかじめ取り壊しておいてもらうべきです。

Step 2 審査

Q6 銀行が融資の可否を決定するときのポイントは、「担保」以外に何がありますか。

A

6-1 いわゆるバブル期には、「担保主義」という考え方で、担保（特に不動産）さえあれば、銀行はどんどん融資をしました。そしてその後、不動産価格が大幅に下落し、その結果がその後の不良債権の山となっています。

融資の可否を決定するポイントとして、もちろん担保も重要ですが、これは融資の返済がなされないときの、いわば最後の手段であり、「担保権実行による債権回収」は異例であると考えるべきです。

（➡《基礎知識11》融資の基本5原則）

6-2 まずは、「返済がなされない」という事態にならないように、あらかじめのチェックが必要であり、そのポイントは、（特に「**安全性の原則**」の観点から）①**資金使途**、②**返済能力（返済財源）**のチェックで、最後に③**担保**です。

1 資金使途のチェック

① 個人ローンの場合

たとえば自宅購入のための資金なのか、株式など投資用の資金なのか。

※自宅購入のためのローンは（自宅を手放すことを避けるため）、通常、優先的に返済されるので、一般的には返済が滞る率は低くな

りますが、投資用の資金は、投資がうまくいかなかった場合、返済が滞る可能性が高くなります。

② アパートローンの場合

融資金額は、アパートの建築費用（および関連諸費用）以上になっていないか（生活費や他の借金の返済分等は含まれていないか）。

③ 事業資金の場合

たとえば通常の仕入・販売サイクル中で発生する運転資金（売掛金と買掛金の入金のずれなど）なのか、売上増加にともなう増加運転資金なのか、いわゆる赤字運転資金なのか。また、工場増設の設備資金なのか、本社屋・工場等増設の設備資金なのか、単なる不動産投資なのか。

※これらの資金使途を把握することが、次の「返済財源」の確認につながります。

2　返済能力（返済財源）のチェック

① 個人の住宅ローンの場合

安定した収入があり、他の借入金も含めた年間の返済額が年収のおおむね30〜40％以内であるか。

※このパーセンテージは、年収が少ない人は厳しくみる必要があると考えられます。

② アパートローンの場合

当該地域のアパートの需要は大丈夫か、入居率が多少落ちても返済は可能か。

債務者の、アパートの家賃以外の収入の有無も確認しておく必要があります。生活費もアパート収入に依存している場合は、アパー

トの収支計算の際に（アパートローンの返済能力を審査する際に）この「生活費」も考慮する必要があり、また、給与収入等アパート以外の収入も相当程度（生活費以上に）ある場合は、アパートの入居率が下がったときもアパートローンの返済が滞る可能性は少ないものと判断できます。（➡資料8）

③ 事業資金の場合

資金使途である事業計画が妥当なものであり、収益が借入金の返済につながるものであるか。

基礎知識 11　融資の基本5原則

融資の可否を決める判断基準として、一般的に次の5原則があります。

① **安全性の原則**：本文6-2のとおり。

② **収益性の原則**：貸出の金利と資金の調達等のコストから考えて、銀行にとって収益のあがる取引（融資）かどうか。また、その取引先との総合的な取引（預金、外為、デリバティブ、資産流動化、その他手数料ビジネス）を勘案して、採算がとれるかどうか。

③ **成長性の原則**：その取引先が将来成長・発展し、銀行との取引も拡大・発展する見通しかどうか。

④ **流動性の原則**：一般的にいって、融資資金が固定化せず流動的に回転するかどうか。

⑤ **公共性の原則**：銀行が有する公共的性格に反するような融資ではないか。

　たとえば、融資目的等が法令に反しないか、反社会的・公序良俗に反するものでないか。

> **Q7** 不動産登記簿の謄本と抄本、全部事項証明書と一部事項証明書は、どう違うのですか。
>
> また、提出された謄本等に、抜取り・差替えがなされていないか確認するには、どのようにしたら良いですか。
>
> 【資料3】登記簿見本 P176～181 参照
> ※本文中の点線部分の数字は、登記簿見本中の数字と対応しています。

A

7-1 不動産登記簿とは、対象の土地を所管する法務局（登記所）に備え付けられている不動産の帳簿のことで、土地登記簿[1]と建物登記簿[2]の2種類があり、一筆（いっぴつ）の土地（土地登記簿上、一個の土地とされたものを「一筆の土地」といいます）・一個（一棟）の建物ごとに1登記用紙が設けられています。

登記簿は、表題部・甲区欄・乙区欄[3]の3部構成（ただし、マンション等の場合は、一棟の建物の表題部・専有部分の建物の表題部[4]・甲区・乙区の4部）になっており、「1登記用紙」とは、この3部（または4部）の用紙のことをいいます。

登記された権利同士の優先・劣後は、登記の先後により決まります。

甲区または乙区の、それぞれ同じ区に登記された権利同士の間では順位番号[5]により、甲区と乙区に登記された権利同士では登記の受付年月日・受付番号[6]（受付番号は年度ごとに付されます）の順番により、その先後を判定します。

7-2 不動産登記簿 謄本 は、不動産登記簿のうち請求された土地・建物にかかわる部分を全部転写したもの、不動産登記簿 抄本 は、指

> Step 2 審査

定された部分のみ（たとえば甲区の一部のみ）を部分的に抜粋したもので、実務上は原則として「謄本」で確認しますが、区分建物（マンション）の場合は、「謄本」というと建物全部の登記簿の写しとなり戸数が多いと大部になりますので、「抄本（マンション等の専有部分の全部）」で確認します。

　従来、この登記簿はバインダー式の帳簿でしたが、近年はコンピュータ化が進み、「磁気ディスク登記簿」への移行がおこなわれています。この移行の際には、現に効力を有する登記事項のみが磁気ディスクに記録されたため、それ以前の所有権者の変遷や、すでに抹消された抵当権などを知るには、「閉鎖登記簿謄本」の交付を申請する必要があります。

　すでに磁気ディスク登記簿への移行がおこなわれた法務局では、今までのような謄本（登記簿原本の写し）の交付はできませんので、謄本にかえて「全部事項証明書」、抄本にかえて「一部事項証明書」を打ち出して交付することとしています。

　※従来の「閲覧」にかわるものとしては、「登記事項要約書」を交付することとしています。

　なお、これら謄本・全部事項証明書等は、コピーでなく必ず原本（法務局の朱印のあるもの）を受領します。

　以下、本書の記述（説明）では、「登記簿謄本」はバインダー式の登記簿の場合、「全部事項証明」は磁気ディスク登記簿の場合、「登記簿謄本等」は両方に共通の場合とします。

7-3 不動産登記簿謄本等を受理したら、まず、抜取り・差替えがないかをチェックします。

1 枚数のチェック方法

登記簿謄本の表題部の右端最上部に「枚数」の表示があり、そこから縦に1列に並んでいる数字の上に登記官の印が押してあり、その押してある一番下の数字が、その謄本の枚数を示しています。実際の謄本の枚数とあっているか確認してください。

磁気ディスク登記簿の場合は、下部に、たとえば1／3の表示があり、これは全部で3枚あるうちの1枚目の用紙であることを示しています。全部の用紙が揃っているか、確認してください。

2 差替えの有無のチェック方法

登記簿謄本（抄本、全部・一部事項証明書）には、小さなパンチ（穴）で「法」の文字が刻印されていますので、この穴のずれがないか、また、ホチキスをはずした跡はないかによってチェックします。

Q8 不動産登記簿謄本は、どこを見て何をチェックすれば良いのですか。
【資料3】登記簿見本 P176〜181 参照
※本文中の点線部分の数字は、登記簿見本中の数字と対応しています。

A 前記7-1のとおり、登記簿は、表題部・甲区欄・乙区欄の3部構成になっています。

8-1 表題部は、土地について

Step 2　審　査

は、所在・地番・地目（「宅地」「雑種地」など）・地積など、建物については、所在・家屋番号・建物の番号（マンション等の場合のみ）・種類（「居宅」「事務所」など）・構造・床面積などの記載があります。

表題部で確認すべきポイントの主なものは、次のとおりです。

1　不動産の特定

ローンの申込書に記載された「物件の表示」と、地番・地積・家屋番号・床面積等が一致しているか確認します。

また、建物の表題部の「所在」には、各土地に対して建物の床面積が多くかかっている順番にすべての敷地が表示されますので、複数の地番が書かれている場合、該当する地番の土地の謄本等がすべて揃っていることを確認することが重要です。建物の敷地となっている土地は、すべて担保にする必要があるからです。

また、土地の地番と公図の地番を照合し、物件の位置を確認します。この「公図」とは、法務局に備え付けられている旧土地台帳の附属地図のことで、あまり精度は高くありません。一方、法務局には、「旧17条地図」といわれるものが備え付けられている場合があります。これは旧不動産登記法17条に基づく地図で、地積測量図といい、公図より精度が高いのですが、それが備え付けられているところは少ないため、実務上はこの公図を利用します。

建物の敷地に他人の所有地が混在していないか、物件と道路との間に他人の所有地が入り込んでいないか（当該物件が道路に直接接しているか）、についても確認します。

（➡《基礎知識12》現地調査のポイント）

2 区分所有建物(マンション)の場合

表題部には、①一棟の建物の表題部と、②**専有部分**の表題部の２種類あり、②が当該対象物件（対象部分）で、①はその専有部分に共用部分をあわせた一棟の建物全体の表示です。

建物の区分所有等に関する法律で、区分所有建物は原則として、専有部分（区分建物）とその土地（敷地）に関する権利は分離して処分することはできないものとされており、その「土地に関する権利（土地利用権）」を**敷地権**といい、敷地権には所有権・地上権・賃借権の３種類があります。

①の表題部には、「敷地権の目的たる土地の表示」の欄があり、当該区分建物の敷地権の目的となっているすべての土地の表示が記載され、②には、「敷地権の表示」の欄があり、敷地権の種類（前記３種類の別）・敷地権の割合（当該専有部分の所有者が持つ敷地権の割合）などの記載がありますので、それらを確認します。

なお、②専有部分の表題部の構造欄に書かれている「階数」は、建物全体が何階建であっても、当該専有部分が１つの階にある限り（メゾネットタイプのようになっていない限り）「１階建」と表示されます。

3

その他、地目が「田」や「畑」など農地の場合は、農地法で、権利の設定・移転・農地転用について都道府県知事等の届出・許可を要することが定められている点などに、注意が必要です（農地法３条～５条）（正確には、「農地」の判定は「地目」ではなく、「現況」でおこないます）。

Step 2 　審　査

8-2 甲区欄には、所有権に関する事項が記載され、現所有者・所有者の変遷（ただしバインダー式登記簿の場合。前述7-2参照）、所有権の制限に関する事項が確認できます。

「所有権の制限に関する事項（の登記）」とは、具体的には、所有権移転等の仮登記、差押え[17]・仮差押えの登記、仮処分の登記、予告登記、買戻特約の登記などです。これらの登記がある場合は、登記上の現所有者の所有権は不安定ですので、抹消できない限り担保として不適当です。

1　「所有権に関する仮登記」には、所有権移転の契約は成立しているが、本登記に必要な書類が揃わないときの「所有権移転仮登記」、売買の予約・代物弁済予約などの場合の請求権を保全する「所有権移転請求権保金仮登記」、農地法の届出・許可（8-1**3**参照）を条件とする売買の際などの「条件付所有権移転仮登記」などがあります。これらは順位を保全する効力がありますので、当該仮登記が本登記になれば、仮登記の順位が本登記の順位となり、その後登記された所有権移転登記は抹消されます。

ただし、この場合、仮登記を本登記にするには、その後に登記された所有権移転登記の名義人の承諾か、それにかわる裁判による勝訴判決が必要です（不動産登記法109条）。なお、後順位に抵当権設定の本登記をした者がいた場合については、その者の承諾は不要です。

なお、前記の代物弁済予約の仮登記とは、債務者が返済できなくなった場合は、代物弁済として債権者が物件を取得するという担保的

効力を有するものです。最近はあまり見かけませんが、競売手続なしに処分・換価でき、また短期賃借権を排除する（東京高判昭和60年9月24日）という意味で、従前は、抵当権設定と併用というかたちで、よく利用されていました（平成16年4月1日施行の民法改正により旧民法395条の「短期賃借権の保護」規定は廃止されました）。

※物件価格が債権額を上回っている場合は、清算手続が必要となります（詳細は、「仮登記担保契約に関する法律」参照）。

2　「予告登記」[18]は、登記の抹消または回復の訴えが提起された場合に、受訴裁判所の嘱託でなされる登記で、係争案件であることを公示して警告するものです。

　また、「買戻特約」とは、定められた期間内（最長10年、定めがなければ5年）であれば、不動産の売主が、売買代金・契約費用を返還して売買契約を解除できる特約です（民法579条〜581条）。

　これら訴訟の帰趨・買戻特約の行使によっては、登記上の現所有者は所有者でなくなります。

8-3 乙区欄には、所有権以外の権利に関する事項が記載され、（根）抵当権・賃借権の設定状況などが確認できます。

1　乙区欄で確認することは、まず、先順位の（根）抵当権の有無です。住宅ローンの場合は、住宅金融支援機構などの公的金融機関以外の先順位は認めない銀行が多いようです。

　先順位を認める場合は、現在有効な先順位の抵当権の合計額（普通

Step 2 審査

抵当権の債権額および根抵当権の極度額の合計）を計算し、これに、これから設定する自行の抵当権とあわせた額と、当該物件の担保評価額との比率（「担保掛目」といいます）を計算し、自行の基準（通常70～80%）に適合するかどうか検討します。

　登記簿謄本での先順位の確認方法は、まず「（根）抵当権設定」という登記を探し、当該登記の順位番号（たとえば「弐」とする）の抹消登記（「弐番抵当権抹消」という登記）が、謄本のその後の欄にないか確認します。抹消されている場合は、設定登記の欄に、登記簿謄本の場合はバツじるし、全部事項証明の場合はアンダーラインがなされていますが、抹消登記の欄を確認することも必要です。

　また、独立の順位番号（前記「弐」）の脇に付記番号（たとえば「付壱」）が記載されている場合は、当該（根）抵当権について何らかの変更（根抵当極度の変更、名義人表示変更など）がおこなわれていますので、謄本のその後の欄で、当該順位番号および付記番号の付された欄（順位番号の欄に「弐　付記壱号[19]」という記載がある）を探し、内容を確認します。
　前記「弐」のように、独立の順位番号を付してなされる登記を**主登記**といい、「付記壱号」のような登記は**付記登記**といい、主登記の内容の変更・更正を記載します。
　※これは甲区欄でも同様です。
　なお、（根）抵当権同士の順位変更は、付記登記でなく主登記でなされます。
　磁気ディスク登記簿の場合の全部事項証明書等では、付記登記は主

登記に続いて表示されており、見やすくなっています。

2 賃借権の登記は、従来ほとんどなされませんでしたが、定期借地権の制度ができてからは、登記されることも増えてきています。この定期借地権の登記の場合は、登記の「目的」として「借地借家法22条（または23条、24条）の建物所有」などという記載があります。

（➡《基礎知識14》定期借地権とは）

基礎知識 12　現地調査のポイント

　物件の評価額の算定、および担保としての適否の判断のために、担保物件は原則として現地調査をし、必要に応じて近隣の不動産業者から相場（不動産価格・賃料）などをヒアリングします。

　現地調査の際のポイントは、次のとおりです。

- ▶現地までの交通の便（電車・バスの便数等）、周りの環境
- ▶敷地の接道状況（道幅4m以上の道路に2m以上接しているか－原則－建築基準法42条・43条。敷地と道路との間に水路などがないか）
- ▶敷地の形状は公図どおりか
- ▶敷地は平坦地か傾斜地か、いわゆる法地(のりち)部分（利用できない傾斜地）が多くないか
- ▶建物に登記名義人以外の人（借家人・不法占拠者等）が居住していないか
  ※表札等で確認します。
- ▶未登記建物や未登記の増築部分などがないか
- ▶越境はないか

Step 2 審査

Q9 登記簿で所有権者を確認し、その人（A氏）と抵当権設定契約を締結し、抵当権設定登記を完了しましたが、別の人（B氏）から当該物件は自分の物であるとして抵当権の無効の訴えを起こされました。<u>登記簿は信用してはいけないのですか</u>（国が責任をもって作成・管理しているのではないのですか）。

A

9-1 たとえば、甲区欄にB氏からA氏への所有権移転登記があり、C銀行が、その物件の登記上の所有者A氏と抵当権設定契約をして、その登記を申請すれば、乙区欄にC銀行を抵当権者として抵当権設定登記がされます。

しかし、後日B氏が、この所有権移転登記（B氏→A氏）はA氏が勝手に権利証とB氏の実印・印鑑証明書を持ち出しておこなったもので無効であると主張した場合、（裁判等でその主張が認められれば）この抵当権も無効になり、<u>登記を信じたC銀行は保護されません</u>。

このことを「<u>登記に**公信力**がない</u>」といいます。登記に公信力が認められない理由としては、法務局は書類による形式審査のみで、売買契約等の実態調査はしない（現実問題としてできない）ことなどが挙げられています。

したがって、短期間に所有権移転が繰り返されていたり、所有権移転の原因が不自然な場合などは、登記上の前所有者に確認するなど、注意が必要です。

9-2 なお、判例は、不実の登記がなされていることに気付いており、

更正できるのに放置していたという事情がある場合は、その登記を信頼した者を保護しようとする傾向にあります（民法 94 条 2 項の「類推適用」）。

9-3 また、登記には公信力はありませんが、「推定力」はあります。

すなわち、権利関係が登記と異なることを主張する者は、自ら反証を挙げる必要があり、それができなければ、その登記どおりの権利関係があることになります。

Q.10 お客様から提出していただく書類に「建築確認済証（建築確認通知書）」がありますが、これは何のために必要なのですか。

また、「検査済証」も提出していただきますが、これは何ですか。

A

10-1 建物の建築に際しては、建築基準法や都市計画法などで、建蔽率・容積率などさまざまな規制があり、この規制をクリアーしていない建物を、いわゆる**違法建築物**といいます。

違法建築物の建築資金を銀行が融資することは、融資すること自体もコンプライアンスの観点から問題ですが、通常、当該物件を融資の担保にしますので、債権保全上も問題です。違法建築物については取壊し命令が出される可能性があり、また、担保権実行の際の評価額に影響することも考えられるからです。

建築物に法令等の違反がないか、建築計画の段階でチェックするこ

Step 2 　審　査

　とを**建築確認**（建築基準法6条）といい、建築主が都道府県の建築主事に確認申請書を提出し、法令等に適合していれば、**建築確認済証（建築確認通知書）** が交付されます。

　その後、建築が完了したら、4日以内に建築主事に完了検査申請書を提出し、建築確認申請どおりの適法な建物であれば、**検査済証**が建築主へ交付されます（建築基準法7条）。

　建築業者が手抜き工事をした場合や、建築主の要請で設計変更がなされ、違法建築となってしまった場合などは、検査済証は交付されません。融資実行には検査済証も必要であることを、前もって顧客に伝えておくことが必要です。

　すなわち、この建築確認済証（建築確認通知書）と検査済証の双方で、当該融資対象物件（担保物件）が違法建築でないことが確認できます。

Step 3　融資実行・担保・保証

Q11 金銭消費貸借契約書には印紙を貼りますが、抵当権設定契約書には貼らなくて良いのですか。印紙を貼らなかった場合は、契約の効力に影響しますか。

また、印紙にはお客様の印鑑で割印（消印）をしてもらうようにと言われましたが、忘れてしまった場合は、銀行の担当者の印やサインでも良いのですか。

そのほか、契約書に印紙を貼ってしまったけれど、その契約書を使用しなかった場合の印紙代や、契約書の写しや変更契約にも印紙は必要かについても教えてください。

A

11-1 収入印紙（印紙）を貼るということは、国に印紙税という税金を納めるということです。

印紙税法別表第一「課税物件表」に列挙されているもののみが、課税対象です（**限定列挙主義**）。ただし、その文書のタイトルでなく、内容で判断します。

この「課税物件表」によれば、金銭消費貸借契約書は、1号3の文書に該当するので課税文書ですが、抵当権設定契約書は、該当する項目がありませんので不課税文書です。

※以前は課税文書でしたが、法改正で平成元年4月1日から不課税となっています。

（→《基礎知識13》不課税文書と非課税文書の違い）

　納税義務者（印紙を貼る人）は、課税文書の作成者（具体的には、原則として当該課税文書に記載された作成名義人。印紙税法3条、印紙税法基本通達42条）とされており、金銭消費貸借契約書の場合は、

債権者（銀行）と債務者（顧客）が連帯して印紙税を納める義務を負っています。

連帯債務ですので、各々が全額支払う義務があり、一方が支払えば、支払った人は後ほど他方へ求償することになります。実務的には、たとえば銀行に国税調査が入り指摘を受けると、銀行が全額負担し、その後、銀行がお客様に請求することになります。

ただし、差入れ方式の契約書（債務者のみが署名・捺印し債権者あて差し入れるもの、個人ローンはこの方式が多い）は、「文書の作成者」は債務者のみであると考えられますので、債権者との連帯債務関係はないと考えられます。

11-2 課税文書に印紙が貼られていなくても、契約書の効力には無関係ですが、印紙税を納めなかった場合（故意過失を問わず）は、印紙税の額の３倍の**過怠税**が課せられます（印紙税法20条１項）。

11-3 印紙は、貼付すると、再使用を防ぐため当該課税文書と印紙の彩文（模様・絵柄）とにかけ判明に印紙を消さなければならない（印紙税法８条２項）とされており、消す方法としては、自己またはその代理人（法人の代表者を含む）、使用人その他の従業者の印章または署名で消さなければならない（印紙税法施行令５条）とされています。その印章は、通常、印判といわれるもののほか、氏名・名称等を表示した日付印、役職名・名称等を表示した印を含むもの（印紙税法基本通達65条）とされています。また、双方調印の金銭消費貸借契約のように、２名以上の者が共同して作成した課税文書に貼り付けた印紙を消印により消す場合は、作成者のうち１名の者が消すこととしても

差支えない（印紙税法基本通達64条）とされています。

したがって、法的には、銀行側の担当者印（またはサイン）だけでも構わないことになります。

しかし、実務的には、印紙税調査の直前に印紙を貼付したと疑われないように、顧客の印と銀行側の印（通常はいわゆる押切印）で消すのが一般的で、賢明です。

なお、印紙税の納付時期は「当該課税文書の作成の時までに」（印紙税法8条1項）とされており、過怠金は通常、印紙税額の3倍ですが、印紙税調査があり過怠金の決定を予知してからでなく、調査を受ける前に自主的に所轄税務署長に不納付の事実を申し出た場合は、貼り付けなかった印紙の金額の1.1倍相当額となり、また、貼付した印紙に消印がない場合は、その消印しなかった印紙の額面相当額となります（印紙税法20条2項・3項）。

11-4

①課税文書に該当しない文書に、印紙税を納付する目的をもって印紙を貼り付けた（納付印を押した）場合、②印紙を貼り付けた（納付印を押した）課税文書の用紙で、損傷・汚損・書損その他の理由により使用する見込みがなくなった場合、などのとき（印紙税法基本通達115条）は、納税地の所轄税務署長の確認を受けることにより、還付を受ける（返してもらう）ことができます（印紙税法14条）。

本件の質問のようなケース（契約書を使用しなかった）では、②に該当するかどうかがポイントですが、たとえば、あらかじめ金銭消費貸借契約書用紙にお客様のサインと印をいただいておき、貼付印紙にも消印を押しておいたが、審査が不可となり融資実行ができなかったような場合は、「課税文書の作成はあった」として還付は認められな

いものと思われます。

　印紙税法は、契約が成立したという事実は関係なく、「契約の成立を証する目的で作成された文書」を課税対象とするからです。

11-5 写し・副本・謄本などという表示があっても、それが契約の成立を証明する目的で作成されたものであれば、印紙税の課税対象となります。

　印紙税法基本通達19条は、一応の目安として、次のものは契約の成立を証明する目的で作成されたものであることが文書上明らかであり、印紙税の課税対象となるとしています。

> ▶契約当事者の双方または一方の署名、または押印があるもの
> ▶正本（原本）と相違ないこと、または写し・副本・謄本であることの契約当事者の証明（正本との割印も含む）のあるもの
> 　※単なる控えとしてコピーしたものは、課税文書ではありません。

　変更契約書については、金額が増額の場合は契約金額の増加額のみが「記載金額」となり、減額の場合は「記載金額のない文書」（印紙税200円）として取扱われます（印紙税法別表第一「課税物件表」課税物件表の適用に関する通則4ニ）。

　ただし、いずれの場合も、増額・減額前の原契約書の名称・契約年月日・金額などが、変更契約書の文面上で特定できることが必要です。

基礎知識 13　不課税文書と非課税文書の違い

印紙税法別表第一「課税物件表」に列挙されていないので、課税する根拠がないものを**不課税文書**、印紙税法上（積極的に）「課税しないと定められている」もの（たとえば受取り金額が３万円未満の領収書）は**非課税文書**です。

Q12

借入人（夫）が多忙で来店できないため、妻が来店して金銭消費貸借契約書・抵当権設定契約書などに（夫の名前で）署名・捺印しました。夫の印鑑証明書は持参していただいたので問題ないと思いますが……。

また、お客様が何度も来店することはできないということで、当初融資申込みの来店時に、金銭消費貸借契約書などの書類に、前もって自書・捺印しておいていただくことに、問題がありますか。

A

12-1 契約書の署名は、本人の**意思を確認する**意味で、また後日の（裁判などでの）**証拠**として、きわめて重要ですので、原則として**面前で自書**していただく必要があり、実印と印鑑証明書があっても署名が**代筆**であれば、意思確認として不充分です。

※特に夫婦間では、実印も印鑑証明書も容易に入手できますので、夫婦間にトラブルが懸念される場合は要注意です。

どうしても、面前自書が不可能な場合は、役席者の判断で、持ち帰っていただいて後日郵送するなどの方法もやむをえませんが、この場合は、後で本人に電話等で自書の確認（意思確認）をして、記録（いつ、誰が、誰に、何を確認したか）を残しておくべきでしょう。

Step 3 融資実行・担保・保証

　また、本人に**委任状**を1枚書いていただき、その後の契約書等はすべてその受任者（代理人）に署名していただくという方法もありますが、この際注意すべき点は以下のとおりです。

> ▶「委任の意思」を確認するため、その委任状は原則として銀行担当者の面前で自書してもらうこと
> ▶「委任の範囲」を明確にしておくこと
> 　※たとえば、「△△の□□銀行からの…所在の物件購入にかかる借入れ、および、それにともなう担保権設定に関する一切の件」など。

　こうした委任状があれば、以後は「△△（債務者本人）代理人○○」として、代理人の署名・印鑑で関係書類・契約書の作成ができます。なお、この場合は、代理人の印鑑証明書も必要です。

12-2 万一、署名が代筆であった場合でも、債務者本人の署名の代筆の場合は、当該債務者が借入意思を否認しても、融資金が債務者自身の口座に振込まれていれば、「不当利得」（法律上の原因がないのに他人の損失において利益を受けること。民法703条）の返還請求での対応も考えられますが（ただし、被担保債権が金銭消費貸借契約に基づくものであり、不当利得返還請求権に基づくものではないので、担保権の実行はできません）、保証人・担保提供者の署名が代筆の場合は、そのような対応は考えられず、その保証・担保提供意思の立証はきわめて困難で、保証・担保提供が否認される可能性が高くなります。

12-3 いまだ融資の可否について決裁が下りていない段階で金銭消費貸借契約の署名・捺印をしていただくことは、顧客に、融資について約束（承諾）したものと誤解され、または、承諾する前提であるとの期待感をもたれてしまう可能性があります。

また、結果的に融資ができない場合は、貼付（割印）済の印紙の問題もあります。（➡Q 11）

お客様の時間の都合等による強い要望がある場合は、審査の結果によっては希望にそえない場合があることをよく説明したうえで、事前に契約書の内容を熟読してもらうという意味も含めて、先に金銭消費貸借契約などを交付し、面前で自書後、お持ち帰りいただき（預かることは避ける）、後日、審査がOKとなった段階で捺印して郵送していただく等すべきでしょう（電話等による意思確認、自署であることの確認、郵送となった経緯等の記録が必要です）。

Q13 金銭消費貸借契約は、合意の成立した日や契約書を交わした日でなく、資金の交付時に成立すると教えられましたが、抵当権の設定登記（法務局への持込み）は、原則、資金の交付より前におこなうべきであると言われました。そうすると、

A

13-1 契約は、原則として双方の合意があれば成立しますので、書面化等、一定の方法をとる必要もなく（このような法律行為を「不要式行為」といいます）、また、物の授受も契約の成立要件ではありません。

ただし、実務上は後日の証拠と

> 登記時にはまだ金銭消費貸借契約（被担保債権＝その抵当権によって保全される債権）が成立していないことになり、普通抵当権の場合、理論的におかしいのではないですか。

して、書面化することが普通です。

13-2 消費貸借・使用貸借・寄託契約は、例外的に**要物契約**とされており、合意（口頭、書面）のほかに、「金銭などの交付（相手方の受領）」をもって成立するとされています（民法587条ほか）。そのため、銀行の金銭消費貸借契約書には、通常、金銭の授受が完了した旨の文言が入っています。

しかし実務上は、設問にあるように、原則として融資金を交付する前に抵当権を設定しますので、抵当権設定時点では、まだ資金の交付はおこなわれていないため、金銭消費貸借契約は成立しておらず、理論上この抵当権（普通抵当権）は無効ではないかということになります。

13-3 しかし、判例・学説では、この要物性を緩和（諾成的金銭消費貸借契約の有効性を認める方向）し、また抵当権の「付従性」を緩和することにより、この実務の方法を有効としています。

（➡《基礎知識 5》抵当権と根抵当権）

13-4 改正債権法では、消費貸借の合意（引き渡す、返還する）が書面でなされた場合には、諾成的消費貸借契約の成立が認められました（新法587条の2第1項）。

銀行の金銭消費貸借契約は、現在も書面でなされ、通常の条文上は、金銭を交付することおよび返済することに合意したと解釈できると思われますので（「差入れ方式」の契約書でも、銀行が受領するこ

とで「合意」したと考えるべきでしょう）、施行後はこの問題はほぼなくなると考えて良いと思われます。

なお、この改正に対応して、各行では金銭消費貸借契約書の改訂も予想されますので（「諾成」により「貸す義務」が発生することへの対応等）、改訂後の条文に注意してください。

Q-14 住宅ローンのときは、通常、個人の保証人に代わり保証会社の保証をとりますが、この場合、抵当権者は銀行ではなく保証会社となることが多いようです。
債権者は銀行なのに、抵当権者は保証会社でも良いのですか。この抵当権は、何を担保しているのですか。

14-1 質問にあるように、住宅ローンの債権者は銀行ですが、通常、抵当権者は保証会社ですので、住宅ローンの返済が滞って債務不履行となっても、銀行は抵当権を実行することはできません。

（➡《基礎知識1》保証会社）

保証会社の抵当権は、代位弁済（保証履行）後の「求償権」の担保となっています。

すなわち、債務者が債務不履行となり、保証会社が債務者に代わって債権者に返済する（代位弁済＝保証履行する）と、保証会社は債務者に対して支払いを請求する権利（＝求償権）を取得しますが、保証会社の抵当権はこの求償権を被担保債権としているのです。

したがって、この抵当権は、通常は、保証会社が代位弁済をした後、（債務者が保証会社の求償に応じない場合に）保証会社が実行できる

Step 3 融資実行・担保・保証

ものです。

　また、実務上も銀行の手間を考え、抵当権実行は保証会社に任せたほうが便利ということもあります（個人の保証人をつける場合も、保証会社に対する保証人とし、保証人からの回収も保証会社に任せるのが一般的です）。

Q15 建物建築代金のローン申込みがあり、建物が完成したら当該建物には抵当権を設定しますが、土地は借地で、地主は担保提供（抵当権設定）をしてくれません。どうしたら良いでしょうか。

A

15-1 借地上の建物を担保に取る場合、建物の買受人が、その敷地の利用権を確保できることが重要です。この確保ができない不安定な状態では買受人が現われないので、担保として価値がないからです。

　土地が借地の場合は、まずその契約書（借地契約）を見て、借地権の種類（地上権か賃借権か、普通借地権か**定期借地権**か）、および借地条件（契約期限等）を確認します。

（➡《基礎知識14》定期借地権とは）

15-2 敷地利用権を確保する（担保化する）方法としては、次の方法があります。

① 地主に担保提供してもらい、土地にも抵当権を設定（登記）する。
　⇨地主が親族である場合など以外は、実際上困難でしょう。
② 借地権が「**地上権**」（物権）の場合は、その登記を請求できるので、地上権の登記後、地上権に抵当権設定（登記）をする（民法369条2項）。
　⇨「地上権」の設定は、あまり例がないと思われます（契約書・登記簿で確認してください）。
③ 借地権が「**賃借権**」（債権）の場合は、民法605条により（地主の協力があれば）登記が可能なため、登記して質権設定をする。
　⇨この方法は、登記に際して地主の協力が必要ですが、地主が協力するケースは稀です。
④ 借地借家法10条1項で、借地人が借地上の建物の登記をすれば、借地権の登記をしなくても借地権を第三者に対抗できるとされており、借地上の建物に抵当権の設定登記をすれば、抵当権の効力が、借地権にも及ぶことについても対抗力が生じるとされている（最判昭和52年3月11日）ので、これを利用する。
　⇨この方法が、実務上よくとられます。この場合は、借入人（借地人）経由で、地主から「確認書」をもらうようにしています。
　　この「確認書」は、次の3点を地主から確認することがポイントです。

> ⓐ借地契約の確認
> ⓑ将来、建物が競売されてその所有者が変わっても、新所有者に引続き土地の賃貸をすること
> ⓒ借地人の賃料不払い等、借地契約の解除事由が発生した場合は、事前(解除前)に、債権者(銀行)に通知すること

15-3 以上、④で述べた「確認書」の3点のポイントについて、さらにその意味を説明します。

① 土地の賃貸借契約は、その契約書のコピーを受領して確認しますが、地主の署名・捺印のあるこの「確認書」を銀行宛に提出していただくことで、賃貸借契約が継続中である旨を(地主から)確認できます。またそれは、借地人との間で、賃料不払い等の紛争がないことの確認にもなります。

② 旧借地法9条ノ3第1項、借地借家法20条で、建物の買受人は、(地主が承諾しない場合でも)地主の承諾に代わる裁判所の許可で土地利用権を確保できますが、あらかじめ地主の了解をとっておくことで、円滑な承諾が期待できます。

③ 借地契約が解除されてしまった場合は、借地借家法10条1項での対抗力具備も、効力はありません。

　借地契約は(定期借地権の場合を除き)、その期日になっても、貸主側に自ら使用することなど正当事由がないと更新を拒否できず(法定更新)、賃借人はその意味で保護されていますが、地代の不払いは賃貸人と賃借人との信頼関係を破る重大な出来事です

ので、借地契約の解除事由となります。

　ローンの支払いが滞って競売となるような場合は、地代も不払いとなることが多く、競売申立てをしようとしたら土地の賃貸借契約は解除されていた、という事態が心配されます。

　そこで、借地人の賃料不払い等、借地契約の解除事由が発生した場合は、<u>事前（解除前）に、地主から債権者（銀行）に通知してもらい</u>、場合によっては銀行が地代の代払いをして（この場合は、競売申立てをして、あらかじめ裁判所の許可が必要で、これがないと、この代払い分についての競売代金からの優先弁済が受けられません）、借地権の消滅による担保価値の大幅下落を防ぎます。

　なお、「確認書」の効力について、平成22年9月9日に実務上重要な最高裁判決が出されました。

① 事案は、借地人に賃料不払いが生じたにもかかわらず、地主がこの「確認書」（判例では「地主の念書」）に基づく債権者への通知をせずに賃貸借契約を解除したため、債権者（金融機関）が地主に対して通知義務違反（債務不履行）による損害賠償を請求したものです。裁判所は損害賠償を認めましたが、金融機関にも過失ありとして、損害賠償額は過失相殺で80％減額されました。

② 「金融機関の過失」は、ⓐ金融機関は地主に対して直接には、念書の内容について何ら説明しておらず、念書の控えすら交付していないこと、ⓑ金融機関は債務者（借地権者）のメインバンクであり、債権者集会（民事再生）にも出席しているので、債務者が賃料不払いとなるおそれが現実的にあると考えること

が可能であり、必要な情報を取得すべきであったこと等が指摘されています。

③　この判例のケースは、地主が不動産業者（プロ）で、また文言についてのやりとりもあったということで、地主は念書の内容については理解していたと思われますが、銀行実務では、地主が個人や宗教法人等（素人）が多く過失相殺の割合はさらに大きくなる可能性もあります。

④この判決を受けて、金融機関側は次のような対応が必要になると考えられます。
　ⓐ銀行（債権者）と地主は直接の契約関係にないので、直接会話する機会はなく従来はほとんど債務者経由でのやりとりとなっていましたが、極力「確認書」の内容に関し地主へ直接説明し、コピーを地主に交付する。
　ⓑ債務者に借入金の延滞が発生する等、信用上の懸念のある事象が発生したときは、地代の支払い状況を地主・債務者双方に確認する。

基礎知識 14　定期借地権とは

- 従来の借地権では、期日が到来しても、その土地の上に建物が存在する限り、地主が自らその土地を使用するなど「正当事由」がないと、地主からの更新拒否はできませんでした。

    ※正当事由が認められることは稀で、ほとんどは更新されていました。これを「法定更新」といいます。

    ところが、平成4年8月に「借地借家法」が施行され（従来は「借地法」「借家法」の2法）、当初定めた「借地期間」満了により、借地人・地主の事情に関係なく借地契約が終了する「定期借地権」が創設されました。

- 定期借地権には、①一般定期借地権、②建物譲渡特約付借地権、③事業用定期借地権の3種類があります。

    ①　一般定期借地権は、存続期間50年以上の借地契約で、ⓐ契約の更新をしない旨、ⓑ建物再築による借地期間の延長を排除する旨、ⓒ建物買取請求権を排除する旨、という3つの特約を、公正証書等の書面でなすことで設定します。

    ②　建物譲渡特約付借地権は、設定後30年以上経過した時点で建物を相当な対価で譲渡する旨を特約することにより、成立するものです。

    ③　事業用定期借地権は、ⓐ専ら事業用の建物の所有を目的とすること、ⓑ存続期間を10年以上50年未満とすること（平成20年1月1日より上限を20年から50年に引き上げ）、ⓒ設定契約は必ず公正証書によることが要件です（借地借家法22～25条）。

- なお、借地借家法のもとでも、従来型の（法定更新のある）借地権の設定は可能で、これを「普通借地権」といいます。

    また、この借地借家法施行以前からの借地契約に基づく借地権は、引続き旧借地法が適用されます。

- したがって、土地が借地の場合は、土地の賃貸借契約書により、旧借地法の適用か借地借家法の適用か、定期借地権（上記①・②・③）か普通借地権かを確認する必要があります。

> Step 3　融資実行・担保・保証

Q-16 Aさん名義で住宅ローンの申込みがありましたが、担保にする土地のごく一部分がAさんの子供（10歳）名義になっています。この部分を除いて担保にとってもいいでしょうか。この部分も担保にとるとすると、子供（未成年）と担保設定契約をすることになりますが、何か特別の手続きは必要ですか。具体的にどうすれば良いのですか。

A

16-1 このようなケースは、たとえば相続の関係で共有持分等の一部が子供の名義になっている土地の上に、借入金で住宅・アパートなどを建てるときに発生します。

　この子供（Bさんとします）は、未成年ですので単独では法律行為ができず、法定代理人である親権者が同意するか、親権者が代理人となって取引する必要があります（民法5条・824条）。さらに本件では、未成年の子供が親の借金のために、自分の土地を担保に提供することになり（親の利益のために、子供が不利益を被るということになり）、この親子は「利益相反関係」になります。親権をおこなう父または母と、その子供の利益が相反するときは、親権をおこなう者は、その子のために家庭裁判所に**特別代理人**の選任を請求しなければなりません（民法826条1項）。

　この手続きには、家庭裁判所へ収入印紙代・郵便切手代あわせて2,000円程度を納め、所定の書類を提出してから2〜3週間かかるようです。具体的には、管轄の家庭裁判所に問合せると良いでしょう。

16-2 この親権は、原則として父母が共同して行使します（民法818条3項）ので、本件の場合は（AさんをBさんの父とすると）、Bさんの母と特別代理人が共同して代理権を行使することになります（最判昭和35年2月25日）。なお、民法825条参照。

また、この場合、母がAさん（父）の保証人となっていれば、Bさんは母とも利益相反(注)の関係になります（最判昭和45年12月18日）ので、特別代理人が（単独で）代理権を行使することになります。

（注）Bさんが担保提供することで、母の保証債務の負担が軽くなります。

16-3 <u>面倒だから、わずかな面積だからといって、子供の所有部分を担保に入れないということは、避けてください。</u>

将来、担保権を実行（競売）する事態になった場合、<u>当該部分は競売対象とはならないため、建物の敷地の一部に他人の土地があるという複雑な権利関係の物件となり、買受人が現われる可能性が低くなり、担保としての価値が非常に下がるからです。</u>

ただし、子供の所有部分が「分筆」されており（たとえば1/20というような、「共有持分」というかたちでなく）、その部分が敷地の端の部分であり、また建物の直接の敷地でもなく、当該部分がなくても敷地の道路との接面に関係しないという場合など、担保価値にあまり影響のない場合は、例外的に当該部分を除いて担保にとる場合もあります。

Step 3 融資実行・担保・保証

Q17 銀行実務では、建物を担保にとる場合、建物の火災保険に質権を付けることがおこなわれますが、建物の火災保険に質権を付けるとは、どういうことですか。具体的に手続きはどうするのですか。
　また、建物の抵当権の効力は、火災保険金には及ばないのですか。

A

17-1 抵当権の設定してある建物が焼失し、その建物に付保されていた火災保険金が支払われる場合、抵当権者は「物上代位」によって、保険金請求権について権利行使ができます（民法372条→民法304条）。

　物上代位とは、抵当権・先取特権・質権という「担保物権」の目的物（本件の場合は建物）の売却・滅失などによって、その物の所有者が金銭その他のものを受け取る請求権を取得した場合（本件の場合は火災保険金請求権を取得）は、その担保物権の権利者（本件の場合は抵当権者）が、その物の所有者に代わって、その請求権を取得するということです。

　しかし、物上代位の要件として、民法上（304条1項ただし書）、払渡しまたは引渡しがされる前に、その請求権を差押えなければならないものとされており（債務者の一般財産に混入してしまうと、他の債権者を害するおそれがあるから）、本件の場合は、火災保険金が支払われる前に火災保険金請求権を差押える必要があります。しかし、実務上、抵当権者（債権者）が火災発生の事実および、保険金支払日を確実にしかも事前に知ることはきわめて困難です。

17-2 そこで、あらかじめ保険金請求権という「債権」に、「質権」を設定する（「債権質」といいます）という方法で担保にとります。

「質権」は抵当権と違い、担保物（質物）の占有を担保権者（債権者）に移転し、担保権者がその物を留置し（預かり）ます。そして、債務の返済がなされない場合、担保権者は質物を処分のうえ、処分代金を他の債権者に優先して債務の返済に充当します（これは抵当権と同じです）。

債権質の場合、預かるべき質物は「債権証書」ですので、本件の場合は火災保険証書（現物）の交付を受けます。また、「質物の処分」は、通常（動産質、不動産質）は競売を原則としていますが、債権質の場合は競売によらず直接取立てができます（民法 366 条 1 項）。

なお、民法改正（平成 16 年 4 月 1 日施行）によって、債権証書を預かることは、火災保険金請求権のような債権質の場合は、効力発生要件ではなくなりましたが（旧法 363 条、新法では条文自体削除）、後述のように、実務上は預かることにしています。

17-3 質権設定の実務上の具体的手順としては、次のような流れになります。

---

① 建物の所有者と火災保険会社との間で、火災保険契約を締結する。
② 建物の所有者（被保険者＝保険金受取人）と債権者（銀行）との間で、保険金請求権への質権設定契約を締結し、債権者が火災保険証書の現物を預かる（建物が共有の場合は共有者全員

> と契約する)。
> ③　保険会社に質権設定の承諾書をもらう。
> ④　③の承諾書に確定日付を取得する。

　なお、②・③の質権設定契約と承諾書は、各火災保険会社の制定の用紙を使用するケースが多いようです。

　また、③の承諾書は保険会社(「第三債務者」といいます)に対する対抗要件、④の確定日付は「第三債務者以外の第三者」に対する対抗要件となります。

　すなわち、前者は保険金が被保険者でなく質権者に支払われるための保険会社に対する対抗要件で、後者は保険金支払請求権を差押えた第三者(他の債権者)などに対する対抗要件となり、その確定日付と差押日付との先後によって、優劣が決まります。

　※第三者が税務当局の場合は、当該税の法定納付期限と確定日付の先後によります。

17-4 建物の抵当権者が、第1順位・第2順位など複数いる場合は、火災保険金請求権上の質権も、通常はこれに対応して第1順位・第2順位などとなります。

　たとえば、住宅金融支援機構が第1順位、当行が第2順位、などとなり、この場合、火災保険証書は当行が第1順位の住宅金融支援機構に依頼して、当行のためにも預かってもらう(代理占有)ことになります。また、住宅金融支援機構の債権が消滅した場合は、火災保険証書は債務者には返還されず、当行が交付を受けます。

Q18

アパートローンで保証人を付けるように依頼する場合、人選については、単に資力（保証能力）のある人ということではなく、「経営者保証に関するガイドライン」や「金融庁の監督指針」による指導があるので、これらに沿った対応が必要であるといわれました。

具体的にはどういうことでしょうか。

また、「改正債権法」では、どのようになるのでしょうか。

A

18-1 平成25年12月に全国銀行協会連合会と日本商工会議所によって策定された「経営者保証に関するガイドライン」（以下、「ガイドライン」という）では、（経営者保証に依存しない融資の推進が期待されるが、合理性や必要性が認められる場合で）経営者保証を締結する際のガイドラインが示され、金融庁の「主要行等向けの総合的な監督指針」や「中小・地域金融機関向けの総合的な監督指針」（以下、総称して「監督指針」という）では、経営者以外の第三者の個人連帯保証を求めないことを原則とする融資慣行の確立が求められています。

ガイドラインによれば、この「経営者」とは中小企業の経営者のほか、経営者と共に当該事業に従事する配偶者や、経営者の健康上の理由のため保証人となる事業承継予定者も含まれるとされています。

これらガイドラインや監督指針の趣旨を踏まえて、各行は、アパートローンでも保証人を徴求する場合の行内ルール（基準）を設けています。なお、住宅ローンについては、このガイドラインの対象ではないと思われます。

行内ルールの＜一例＞を示しますと、
　① 「経営者」以外の第三者の保証は原則不可。
　② 保証人とすることを可とする「経営者」とは、
　　ⓐ債務者が個人の場合は、アパート事業の後継者（推定相続人）および、建物（アパート）の所有者（共有者を含む）。
　　ⓑ債務者が法人の場合は、同法人の代表者（代表取締役等）および、建物（アパート）の所有者（共有者を含む）とする。
　等です。

　改正債権法では、①新法465条の6第1項で、「事業のために負担」した貸金等を主たる債務とする保証契約については、その締結日の前1ヶ月以内に、保証人になろうとする者が公正証書で保証意思を宣明する必要があるとされ、また、②新法465条の9で、主たる債務者と共同して事業を行う者または主たる債務者が行う事業に現に従事している主たる債務者の配偶者は（主たる債務者が法人の場合は、その取締役等は）、新法465条の6等の適用除外とされ、この公正証書での保証意思の宣明は不要とされました。
　アパートローンの保証人について検討すると、まず、アパートローン（主債務）が上記①の「事業のために負担」した貸金に該当するかどうかですが、アパート経営という、賃借人に対し建物を反復継続して賃借する不動産賃貸事業を行う目的でのアパート建築資金ですので、「事業のために負担」した貸金に該当するとみるのが一般的でしょう。したがって原則的には、保証人になろうとする者の公正証書での保証意思の宣明が必要と考えられます。
　次に、上記②の「適用除外」に該当するかどうかですが、この条

文は適用除外のものを「例示」ではなく「限定列挙」していると考えられますので、明確に該当する必要があります。たとえば、上記＜一例＞の②の場合ですと、ⓑの「法人の代表者（代表取締役等）」は条文上でも明確に該当します（新法465条の9第1号）が、ⓐの「事業の後継者（推定相続人）」は、「共同して事業を行う者」とはいえず、ⓐⓑの「建物（アパート）の所有者（共有者を含む）」については実体によって微妙ですので、いずれも「該当しない」という前提で、公正証書での保証意思の宣明をしていただく必要があると考えられます。

なお、主たる債務者が行う事業に現に従事している主たる債務者の「配偶者」を保証人にする場合については条文上この適用除外に該当しますが、「事業に現に従事」の概念が不明確であり（「共同して事業を行う者」と並列的に書かれているところから考えると、配偶者であれば「共同して事業を行う」ところまでは要請されていないとも解釈されます）、判例等で一定の解釈（基準）が示されるまでは、<u>実務上は、公正証書での保証意思の宣明をしていただくことが必要</u>だと思われます。

改正債権法の保証債務に関する規律は、施行日以降に締結された契約に係るものについて適用されます（改正債権法附則2条）。

基礎知識 15　情 報 提 供 義 務

改正債権法では、3つの、保証人（になろうとする者）に対する情報提供義務が規定されています。
① 契約締結時の情報提供義務（新法465条の10）
　ⓐ情報提供義務を負う者：（事業のために負担する債務の）主債務者。
　（主債務者から委託をうけた個人の保証人に対して）

ⓑ情報の内容：財産および収支の状況。主債務以外に負担している債務の有無・額・履行状況。主債務の担保として他に提供し、または提供しようとするものがあるときはその旨およびその内容。
　　　ⓒ情報提供義務違反による取消：情報提供義務違反を「債権者が」知り、または知ることができたときに限り、保証人は保証契約を取り消すことができる。
　　　ⓓ債権者としての対応：情報提供をしたこと、受けたことの表明保証を主債務者、保証人からそれぞれ取得する。
　②　主債務の履行状況の情報提供義務（新法458条の2）
　　　ⓐ情報提供義務を負う者：債権者（保証人から請求があった場合のみ）
　　　　（主債務者から委託をうけた個人・法人の保証人に対して）
　　　ⓑ情報の内容：主債務の元本およびこれに従たる利息・違約金等全てのものについての不履行の有無、残額、そのうち弁済期が到来しているものの額に関する情報。
　　　ⓒ情報提供義務違反の場合：保証人の債権者に対する損害賠償（新法415条）
　　　ⓓ債権者としての対応：請求があった場合に速やかに対応できる態勢の整備。
　③　主債務の期限の利益喪失時の情報提供義務（新法458条の3）
　　　ⓐ情報提供義務を負う者：債権者（保証人から請求がなくても）
　　　　（主債務者からの委託の有無は無関係。個人の保証人に対してのみ）
　　　ⓑ情報の内容：主債務が期限の利益を喪失したこと。
　　　　　期限の利益喪失を知ってから2ヶ月以内に保証人に通知（到達する必要あり）。
　　　ⓒ情報提供義務違反の場合：通知をしなかったときは、債権者は保証人に対し、期限の利益を喪失した時から通知を現にするまでに生じた遅延損害金にかかる保証債務の履行の請求ができなくなる。

　保証に関する新法については、施行日（2020年4月1日）後に締結された保証契約にのみ適用されます（改正債権法附則21条1項）。

Q19 「連帯保証人」は、「保証人」「連帯債務者」とどう違うのですか。

A

19-1 「保証人」は、主たる債務者（＝お金を借りている人）に代わって、期限に債務を履行する義務を負いますが、債権者に対して「まず、主たる債務者に先に請求して欲しい」（民法452条「催告の抗弁権」）、「主たる債務者に執行の容易な財産があるので、まずこれに対して強制執行をしてから請求をして欲しい」（民法453条「検索の抗弁権」）という抗弁をする権利があります。

しかし、「連帯保証人」の場合は、これらの抗弁権がないので、債権者はいきなり「連帯保証人」に請求ができます。また、「連帯保証人」が複数いる場合でも、各保証人は全額保証履行する義務を負います（これを「分別の利益がない」といいます）。

銀行の融資実務上は、すべて「連帯保証」としています。

約定書上も明記してあり、また商法上も銀行取引＝商行為（商法502条8号）における保証はすべて連帯保証（商法511条2項）とされており、個人ローンも、相手方である銀行が商人ですので商行為となります（商法3条1項）。

なお、銀行実務上は、まず主債務者に請求してから（または同時に）連帯保証人に請求することが多く、主債務者が行方不明であったり、明らかに支払能力がない場合など以外は、いきなり連帯保証人のみに請求することは、通常おこないません。

19-2 次に「連帯債務」についてですが、これは、「連帯保証」と違

い、主たる債務者・従たる債務者の概念がなく、各連帯債務者全員が（主たる）債務者ということになります。「連帯債務」も、各債務者は前述の催告の抗弁権・検索の抗弁権・分別の利益がなく、その点では、実務上「連帯債務」と「連帯保証」との実質的な効力の差は、あまりないと言えます。

具体的に、実務上留意すべき違いとしては、次のとおりです。

▶「連帯保証」の場合は、原則的に（連帯保証人に不利益となる事柄を除き）、銀行など債権者が債務者に何か通知・連絡する場合は、主たる債務者にすれば足りますが、「連帯債務」は、（主たる）債務者が複数いるということになりますので、原則的には個別に全員に対しておこなう必要があります（旧法440条。ただし、現行民法では、履行の請求等は一人の債務者で可[注1]（旧法434条等））。

　なお、銀行実務では、連帯債務者の協議（全員の合意）で、誰か代表者を一名決めてもらい、その代表者に通知・連絡すれば良いようにしておきます。

▶「連帯保証」は、あくまで主たる債務に付従する債務であり、主たる債務が無効・取消により消滅すれば保証債務も消滅してしまうので、主たる債務者の意思能力・行為能力などに疑いがあり無効とされたり、取消されたりする可能性がある場合は、「連帯債務」にしたほうが安全です。

▶時効管理の観点からは、次の点で「連帯債務」より「連帯保証」のほうが債権者にとって有利です。

（「時効」「時効中断」については➡Q 37）

ⓐ 「連帯保証」の場合は、主たる債務者に時効中断しておけば、保証債務の時効も中断されますが、「連帯債務」の場合は、一人に対して時効中断しても、その効力は他の連帯債務者には及びません。

　※ただし、現行民法では、「請求」による時効中断だけは及びます(注1)（旧法434条・440条）。

ⓑ　現在の判例では、「連帯債務」の場合は、連帯債務者相互間（内部）で債務分担の割合を自由に決めることができ、これにより各連帯債務者の「負担部分」が債権者の意思にかかわりなく決まり、また、特段取決めがないときは「平等」と解されます。

　　そして、たとえば連帯債務者A・B間で、Aの負担部分を100としBの負担部分を0とするという取決めがされていた場合、現行民法では、債務承認等（旧法147条）によりBの時効が中断されていても、Aの時効が進行・完成するとAの負担部分（100）は絶対的に消滅し、債務承認をしていたBもAの負担部分の範囲で免責され、結局A・Bとも免責されてしまう、ということになります。負担部分についての特段の取決めがない場合も、Aの時効が進行・完成すると、Aの負担部分である50％は絶対的に消滅し、これに伴い前に債務承認をおこなったBの債務も2分の1になってしまいます（旧法439条）(注2)。

（注1）連帯債務・連帯保証について、「履行の請求」は、現行民法では「絶対効」で、連帯債務者・連帯保証人の1人に請求すれば、他の連帯債務者・連帯保

証人・主債務者にも効力が及びましたが（旧法434条・440条・458条）、改正債権法では「相対効」とされ、他の連帯債務者・連帯保証人・主債務者には効力が及ばないとされました（新法436条・441条・458条）。

したがって、個別に行う必要があります。ただし、主債務者に対する履行の請求は連帯保証人には及びます（旧法457条1項・新法457条1項）。

（注２）改正債権法では、旧法439条は廃止され、前述（注１）のとおり履行の請求は相対効とされましたので、この問題はなくなります。

なお、新法441条ただし書（新法458条）で、別段の意思表示で絶対効化することが認められていますので、契約書のなかでたとえば「銀行が、連帯保証人の１人に対して履行の請求をしたときは、主債務者および他の連帯保証人に対してもその効力が生じるものとします」としておくことは（銀行にとって）有益であると思われます。

改正債権法の連帯債務関係の規律は、施行日以降に締結された契約に係るものについて適用されます（改正債権法附則20条）。

基礎知識 16 根保証について

●普通の保証（特定債務保証）は、金額・返済期日などが決められた特定の債務を保証し、その債務が消滅すれば消滅しますが、根保証は、特定の債務者の一定の継続的取引（たとえば「銀行取引」）から生ずる不特定の債務（将来における増減変更が予定されている）を保証するものです（根抵当権と類似の考えかたです）。

銀行取引では、（住宅ローン・アパートローンでは通常ありませんが）株式会社等法人向けの融資で、代表者に同社との与信取引全般について極度まで保証をしていただくとき、手形割引についての保証等で利用されます。

●平成17年４月１日施行の改正民法で、施行日以降に新規に個人を保証人とする根保証契約（主債務は貸金）を締結する場合は、債権極度額の定め

のないものは無効とされ、また保証契約日から5年以内の元本確定期日の定めが原則として必要とされました（定めがない場合や5年超の定めをした場合は、当該保証契約日の3年目の応当日が元本確定期日となる）。

　なお、平成17年3月31日以前に締結した保証契約については経過措置があり、債権極度額の定めのないものも無効とはされず、平成20年3月31日が元本確定期日です（これ以前の日を元本確定期日と定めていた場合はその定めが有効）。同日以前に契約した銀行取引約定書等によるいわゆる「包括根保証」（保証極度も保証期間も定めのないもの）は、平成20年3月31日に元本が確定したことになっていますので要注意です。

　また改正債権法では、個人貸金等根保証契約以外の根保証契約にも、前記平成17年4月1日施行の改正民法の規律が適用されることになりましたが、銀行の融資実務については特段影響はないと思われます。

●「**債権極度額**」とは、利息・損害金などを含めた極度という意味です（これに対して「元本極度額」という概念がありますが、これはその極度による制限は元本のみで、その元本から生じる利息・損害金は別途（この極度と関係なく）保証債務を負うという意味です。元本極度額の定めをしても個人を保証人とする根保証契約における「極度額の定め」をしたことにはなりません（旧法465条の2第2項・新法465条の2第2項）ので、注意が必要です。

　「**元本確定期日**」とは、主たる債務（被保証債務）の元本の確定すべき期日という意味で、当該期日の午前零時で確定した後は、保証人は当該確定した元本とこれより発生する利息・損害金について極度まで保証債務を負い、その後（元本確定期日当日を含む）発生した債務（元本）については保証債務を負いません（したがって、たとえば元本確定期日当日に主たる債務をいったん回収して、また新規実行をすると、当該債務は保証の対象ではなくなります）。

●以前、「商工ローン」等の関係で、根保証人に対する取立てについて、問題になりましたが、保証人と根保証の契約をする際には、その意味を充分説明し、理解していただくことが肝要です。

Step 3 融資実行・担保・保証

Q20 預金を担保にとる場合、確定日付をとる場合ととらなくて良い場合があるようですが、どのように区別するのですか。

また、総合口座による貸越しも預金担保(質権)の貸出しの一種だということですが、質権の場合は質物である預金通帳(債権証書)を銀行で預かる必要があるのではないのですか。

A

20-1 預金を担保にとるということは、預金者が銀行に対して持っている預金債権(預金の払戻しを受ける権利＝払戻請求権)を担保にとるということで、通常この預金払戻請求権という債権に質権を設定する「債権質」という方式をとります。

20-2 債権質の 成立要件 は、預金のような指名債権(特定の人を債権者とする一般的な債権。債権者の変更が最初から予定されている手形などの指図債権や、無記名債権と区別されます)の場合、従来は、債権証書がある債権はその証書の「交付」でしたが、平成16年4月1日に施行された改正民法で、債権質の成立に債権証書の交付は不要となり、契約だけで成立することになりました(旧法363条)。

また、債権質の目的である債権(本件においては預金払戻請求権)の債務者(本件においては預金を預かっている銀行)を「第三債務者」といいますが、この 第三債務者への対抗要件 は、第三債務者に対する通知または第三債務者の承諾です(旧法364条・新法364条)。

「第三債務者へ対抗できる」とは、第三債務者である銀行(他行預金担保を想定すると理解しやすい)が質権の設定してある預金を預金

者に払出してしまった場合でも、対抗要件（上記の「通知」または「承諾」）が具備されていれば、銀行（当該他行）はその預金が支払済みであることを質権者（債権者である当行）には主張（対抗）できず、銀行は質権者にも支払い（二重払い）をせざるをえないということです。

20-3 また、この預金を差押えた他の債権者や税務署など第三者（「第三債務者以外の第三者」といいます）と、質権者との優劣（対抗関係）が問題となりますが、この優劣は、差押えた日（税の場合は当該税金の法定納期限）と、質権者が第三債務者に対する対抗要件を具備した日との先後によって決まり、その「具備した日」は確定日付によって証明する必要があります（旧法364条→旧法467条2項・新法364条→新法467条第2項）。

具体的には、第三債務者へ内容証明郵便で通知をするか（内容証明郵便は確定日付の効果があります）、質権設定承諾書に公証役場で確定日付をとることになります。したがって、確定日付がないと、第三債務者以外の第三者には対抗できず、質権者は差押債権者等に劣後することになります。

20-4 しかし、債権者である銀行が、債務者本人名義の自行の預金に質権を取得している場合は、銀行は質権実行のほかに、「相殺による回収」という手段をとることもできます。

相殺と差押えとの優劣関係は、昭和45年6月24日の最高裁判決で、債権の取得すなわち貸付けの実行が差押えより後でない限り、預金・貸付金の弁済期にかかわらず、相殺が優先し、相殺適状にさえなれば

相殺できるとされました。したがって、通常は質権実行でなく相殺による回収をすれば良いので、質権の場合の第三債務者以外の第三者に対する対抗要件である確定日付はとる必要がありません。ただし、預金が家族名義の場合など第三者担保の場合や、他行の預金の場合は、相殺ができないので確定日付が必要です。

なお、本件のように債務者の預金が差押えられると、通常の約定書では、当該債務は当然失期となり、また、預金の期限の利益は銀行にありますので、それを放棄することにより、相殺適状となります。

(→《基礎知識 10》相殺とは)

20-5 総合口座は、普通預金と定期預金および当座貸越が1つの通帳になっており、普通預金に残高が不足する場合、定期預金を担保に自動的に貸出し(貸越し)をする仕組みです。

前述のように、債権質の成立要件は、平成16年4月1日施行の民法改正以前は(預金のような指名債権の場合)債権証書がある債権はその証書の交付でしたが、総合口座の定期預金については債権証書としての証書は発行せず、その代わりに「定期預金・担保明細欄」を設けることとしています。したがって、通帳は債権証書ではなく(改正前の民法においても)通帳の授受がなくても有効に質権が成立します。

(注)「預金担保」は、住宅ローン・アパートローンでは使われませんが、その他の個人融資・法人融資ではしばしば使われますのでとりあげました。

Step 4 管理

Q21 アパートローンで、借入人の妻と長男の二人を保証人としていましたが、妻より保証人からはずしてほしいとの申し出がありました。はずしても債権保全上は影響はないと思われますが、単に妻に保証債務の免除の通知をするだけで、法的に問題ないでしょうか。

A

21-1 結論から言いますと、もう一人の保証人である長男の承諾をとってから、妻の保証債務の免除をすべきです。

　理由は、簡単に言えば、保証人である長男には「自分は母（債務者の妻）も保証人になるということなので保証人となった、それを免除するなら自分の保証債務をその分減らしてくれ」という主張ができるので、その主張をされないようにしておく必要があるからです。

　法的には、旧法504条（新法504条）の「債権者の**担保保存義務**」の問題です。

　同条の意味は「債権者は、保証人・担保提供者などの法定代位権者（債務者に代わって債務を弁済する義務・利益があり、弁済により当然に債権者に代位して債務者への権利行使ができる者）に対して、故意または過失により担保（保証も含む）を喪失・減少させないよう保存する義務があり、喪失・減少させた場合は、法定代位権者は、その喪失・減少によって償還を受けることができなくなった限度で免責される（たとえば保証人であれば、保証債務の一部または全部がカットされる）」ということです。

Step 4 管理

21-2 通常、保証契約書に「保証人は、貴行がその都合によって担保もしくは他の保証を変更・解除しても、免責を主張しません」という内容の「担保保存義務を免除する特約」を入れています。この特約の効力は、最高裁の判例（昭和48年3月1日、平成2年4月12日）で認められていますので、他の保証人等の承諾なしに担保・保証を解除しても、訴訟になれば銀行はこの特約で勝訴し、他の保証人等は旧法504条（新法504条）の免責は受けられないで、全額弁済する義務を負うことになる可能性はあると思われますが、実務的には、トラブル・訴訟を避けるために、法定代位権者（設例では長男）の承諾をとってから、担保・保証の解除をしています。

21-3 実務上、他にこの担保保存義務がよく問題となる例は、下記となります。

① 担保となっている土地の一部が、道路のために収用されるので担保解除の依頼があった場合。
→担保解除に際し保証人や他の担保提供者の承諾要。

② 保証人の相続で、法定相続人が複数いるが、特定の相続人のみを保証人として他の相続人は相続した保証債務を免除する場合。

(➡Q 27)

→保証債務の免除に際し、保証人とする特定の相続人以外の相続人、（相続人以外で）以前から保証人であり今後も保証人となる者・担保提供者、の承諾要。

Q22
アパートローンの債務者に相続が発生しました。ローン（債務）の相続手続きはどうすればよいのでしょうか。

また、遺言書があり、アパートは配偶者に、ローンは長男が引き継ぐようにと書いてありました。銀行はこの指定に従わなければならないのでしょうか。

A

22-1 住宅ローンでは債務者が亡くなると通常、団体信用生命保険で完済となりますが、団体信用生命保険の付保のないアパートローン債務の場合は、債務者が亡くなると法的に当然に法定相続割合での「分割債務」となります（最判昭和29年4月8日）。例えば、被相続人Aの債務が2,000万円で相続人は配偶者Bと子供2人（C、D）とすると、Bは1,000万円、C、Dはそれぞれ1,000万円ずつの債務を相続します。

このBCDそれぞれの債務は、債権者に対して連帯債務や連帯保証の関係にはありませんので、たとえばCは自分の債務の500万円のみ弁済すれば良いということになります。

債権者（銀行）としてはこのままの状態では債権管理上問題ですので、基本的には、**免責的債務引受**によって債務者を1人とするように相続人に依頼(注)します。具体的には前記の例では、例えばCがアパートを相続する場合、CがB、Dの債務を免責的に引き受けて、Cの債務は2,000万円、B、Dの債務はゼロとします（保証人については➡Q 18）（図2、上の図参照）。なお、アパート（資産）の帰属は相続人側の意向のみで決まりますが、アパートローン（債務）の帰属

Step 4 　管　理

は、遺言書や遺産分割協議書で債務の承継者の指定がある場合でも、この指定は債権者の承諾がないと有効ではありません（債権者はこの遺言書や遺産分割協議書に従う必要はありません）。

（注）あくまで依頼ベースで、相続人側に応じて貰えない場合でも（延滞等が生じない限り）失期等はできません。

図2　債務の承継

被相続人の債務残高　2,000万円

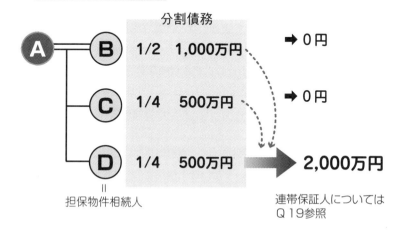

Step 4 管 理

基礎知識 17 免責的債務引受と併存的債務引受

●前出の「免責的債務引受」に対して、「併存的債務引受」というものがあります。たとえば本件の場合で、DがB・Cの分を併存的に債務引受をするということは、DがB・Cの分を債務引受して2,000万円の債務を負担しますが、B・Cも各自の債務は免責されないかたちの債務引受をいいます。この場合、B・Cは、銀行に対して、それぞれの債務相続額（Bは1,000万円、Cは500万円）について、Dと連帯債務を負うことになります。

なお、併存的債務引受方式をとる場合は、B・C・D相互に併存的債務引受をして、2,000万円全額についてB・C・Dが連帯債務を負うようにすべきです（図2、下の図参照）。

●この相続債務の併存的債務引受方式は、連帯債務関係となるため、債務者が多数となり債権管理上煩雑で、また、連帯債務者の一人に時効が完成すると、その債務者の負担部分について他の債務者もまたその義務を免れるという規定があり（旧法439条）、その負担部分は、債権者の関与なしで債務者間の合意のみで変更できます（大審院判昭和7年4月15日）ので、銀行実務上は避けることが多いようです。なお、旧439条は新法では廃止されました。（➡Q 19）

基礎知識 18 債務の相続と抵当権の変更登記手続き

●相続発生後、債務は前述のとおり、相続人の一人に免責的債務引受をしてもらいますが、従前の抵当権（被相続人の債務を担保していた抵当権）が、その相続人（債務引受人）の債務を担保するための登記手続きとして、「抵当権の債務者変更登記」が必要となり、これは普通抵当権の場合と根抵当権の場合で、手続きが異なります。

●普通抵当権の場合
① まず、「相続」を原因とする、債務者を法定相続人全員とする債務者変更登記をします。

② 次に、「債務引受」を原因とする、免責的債務引受をした相続人を債務者とする債務者変更登記をします。

普通抵当権の場合は、債務引受がされると、抵当権はその債務に随伴しますので、債務者変更の登記をおこなわなくても抵当権の実行ができないことはありませんが、その手続きは面倒になりますので、実務上は登記をしておきます。

なお、この登記には抵当権設定者（＝担保物件の所有者）の承諾が必要です。

また、従前の債務者（被相続人）が、従前の抵当権設定者でなかった場合（すなわち第三者担保提供であった場合）は、当該担保提供者の承諾が必須であり、債務者変更の登記も必ずおこなっておくべきです。

●根抵当権の場合

根抵当権の債務者について相続が発生した場合、その後（後記の「合意の登記」をせず）、６ヶ月経過すると、この根抵当権は相続発生時に遡って確定し、その時（債務者死亡時）に存在した債務のみが担保されます。（根抵当権の確定➡《基礎知識５》抵当権と根抵当権）

① 通常は、相続人（債務引受人）へ追加融資をすることはありませんので、この６ヶ月の経過を待つか、またはその前に、根抵当権者の請求によって、根抵当権を確定させます。

確定根抵当権は、前記「普通抵当権の場合」①②と同様の登記手続きをします。

② 根抵当権を確定させない場合は、上記の６ヶ月経過前に、根抵当権者と根抵当権設定者とが、当該根抵当権の被担保債権の債務者を指定する合意（たとえば被相続人の長男を指定債務者とする）をして、その登記をします。これを**「合意の登記」**といいます。

また、この場合、**「根抵当権の被担保債権の範囲の変更登記」**も必要です。具体的には、被担保債権の範囲に「〇年〇月〇日債務引受にかかる債権」を追加します。

Step 4 | 管理

> これは、通常、銀行との根抵当権設定契約書では、根抵当権の被担保債権の範囲は「銀行取引、手形債権、小切手債権」となっていますが、本件のような「債務引受」の場合、当事者は相続人同士であり、銀行は当事者でないため銀行取引とはいえず、その範囲に含まれないからです。
> このように、根抵当権を確定させない場合は、前記、普通抵当権の場合の①の登記に続いて、これら2つの登記が必要となります。

Q23

アパートローンの債務者に相続が発生し、相続人は配偶者と子供3名ですが、アパートはこの子供のうち2名が1/2ずつの共有のかたちで相続しました。アパートローンもこの2名がそれぞれ分割して引き受けたいといっています。

契約書はどうしたらよいのでしょうか。

A

23-1 Q22で述べたとおり、債務者が亡くなると債務は当然に法定相続割合での全相続人の「分割債務」となります。

被相続人Aのアパートローン残高が6,000万円で、相続人は配偶者Bと子供C・D・Eとすると、アパートローンはBに3,000万円、CDEに各1,000万円が相続されます。

アパートはC・Dが1/2ずつ相続した（共有とする）ので、アパートローンもこれに合わせてこの二人が1/2ずつ負担する（引受ける）とすると、アパートローンは、例えば、C・DがB・Eの相続した分についての各1/2ずつ免責的に債務引受をし、C・Dが各自3,000万円の債務を負担するようにします（Cの相続分1,000万円＋Bの相続分の1/2の1,500万円＋Eの相続分の1/2の500万円＝3,000万円、Dも同様）。

また、この場合、銀行（債権者）としては債権保全上、C・Dは相互に連帯保証をしてもらい、かつ相互に担保提供をしてもらう必要があります。

これは、連帯保証だけであると、たとえばCが債務不履行状態であるがDは正常に履行している場合、銀行はDに（Cの債務の）保証債務の履行を請求しますが、不履行の場合でも抵当権の実行はでき

ないからです（通常、抵当権の被担保債務に「保証債務」は入れていないので、Ｄが保証債務不履行であっても、Ｄの主債務も不履行にならない限り、抵当権の実行はできません）。

＜契約書　条文例＞

第１条　（債務承認ならびに免責的債務引受）

　私ども相続人は、被相続人Ａ（以下「甲」という）が□□銀行（以下「銀行」という）に対して負担していた下記債務について、相続により承継していることを承認するとともに、相続人Ｃ・Ｄ（以下総称して「債務引受人」という）は、他のすべての相続人が相続した債務について、各相続人が相続した債務の各２分の１ずつを免責的に債務引受し、これを債務引受人がそれぞれ自ら相続した債務と併せた合計額について、甲が銀行に差し入れた平成〇年〇月〇日付金銭消費貸借契約（以下「原契約書」という）の各条項及び、銀行が各債務引受人に交付する返済予定表に従って、それぞれ債務の履行をすることを約します。

　なお、本条による債務負担額（元本）は、Ｃは3,000万円、Ｄも3,000万円であることを確認します。

第〇条　（抵当権）

　①抵当権設定者Ｃ・Ｄ（以下総称して「抵当権設定者」という）は、この契約を承認のうえ、第１条により各債務引受人が相続し引受けた債務が引き続き後記抵当権によって担保されることを承認します。

　②抵当権設定者は、この契約締結後遅滞なく、抵当権の債

務者をＣ・Ｄ両名とする債務者変更登記等銀行が必要とする手続きを完了し、その登記事項証明書を銀行に提出します。

第〇条　（相互連帯保証）
　Ｃは第１条によりＤが相続し引受けた債務について、Ｄは第１条によりＣが相続し引受けた債務について、それぞれ相互に連帯して保証債務を負い、その履行については原契約書の各条項およびこの契約書に従います。

（注）この例のように、相続人（債務者）側から「分割債務」や「連帯債務」として欲しいとの要望が出ることがあります。銀行の債権管理上は煩雑になりますが、税務上の問題がありますので、意向に従うべきです。
　なお、「税務上の問題」については相続人側の判断に任せ、銀行は（税理士の紹介も含め）一切のコメントは避けるべきです。

　なお、この例で**連帯債務**にする場合は、このあとで（Ｃ・Ｄを3,000万円ずつの債務者にしたあとで）Ｃ・Ｄ相互に併存的債務引受をすれば、それぞれ6,000万円の連帯債務者になります。

Step 4　管理

Q24 総額7,000万円の分割実行型のアパートローンで、融資実行は、初回2,000万円、二回目2,000万円は完了しましたが、最終分3,000万円の実行前に主債務者が亡くなりました。債務引受契約などはどうすればよいのでしょうか。

A

24-1 既実行の4,000万円については被相続人の債務ですので、Q22に記載のとおり、「債務の相続」の手続きとなりますが、未実行の3,000万円については、未だ被相続人の債務にはなっていませんので、金銭消費貸借契約上の「融資を受ける**地位の承継**」ということになります。

<契約書　条文例>
　第○条（債務承認ならびに免責的債務引受、地位の承継(注1)）
　①私ども相続人は、被相続人○○（以下「甲」という）が□□銀行（以下「銀行」という）に対して負担していた下記債務について相続により承継していることを承認するとともに、相続人○△（以下「乙」という）は、他の相続人が相続した債務全額を免責的に債務引受し、これを乙が自ら相続した債務と併せた合計額について、甲が銀行に差し入れた平成○年○月○日付金銭消費貸借契約（以下「原契約書」という）の各条項および、銀行が乙に交付する返済予定表にしたがって債務の履行をすることを約します。
　②私ども相続人は、原契約書に基づき今後貸付けられる金

> 員に関する借入人としての地位を乙が承継し、原契約書記載の借入金額 70,000,000 円と相続発生時において甲が貸付を受けていた金員 40,000,000 円との差額 30,000,000 円の貸付が乙に対しておこなわれることを承諾します。
> ③抵当権設定者○○は、設定・登記済の抵当権（債権額 70,000,000 円、平成○年○月○日　○○法務局受付第○号）が引き続き有効であることを確認します。(注2)

（注1）契約書の標題（冒頭）も、これに合わせて、「債務承認ならびに免責的債務引受、地位の承継契約証書」とした方がよいです。

（注2）土地に設定済の普通抵当権について、乙が債務引受した部分は随伴しますが、地位を承継した部分は別と考えられますので、抵当権設定者（共有等債務引受人と別の場合）の同意をとるようにしています。

Q25 債務者に相続が発生し、その相続手続きが未了（相続人は承認も放棄もしていません）のうちに、さらにその相続人の1人が亡くなりました。
契約書はどうしたらよいのでしょうか。

A

25-1 このような事例は**再転相続き**といいます。

現時点での全相続人と、引受人との免責的債務引受契約を締結します。

具体的な契約書の条文で説明します。

Step 4 管理

［例］
　アパートローンの債務者田中太郎が死亡。相続人は田中花子（配偶者）、田中一郎（長男）、田中二郎（二男）、田中三郎（三男）、の4名でしたが、相続手続未了のうちに田中一郎が死亡し、その相続人は配偶者田中幸子と長女田中明子の2名です。
　アパートローンは全額田中二郎が承継することになりました。

＜契約書　条文例＞
第1条（債務承認ならびに免責的債務引受）
　私ども相続人（注）は、被相続人田中太郎（以下「甲」という）が□□銀行（以下「銀行」という）に対して負担していた下記債務について相続により承継していることを承認するとともに、相続人田中二郎（以下「丙」という）は、故田中一郎（以下「乙」という）を除く他の相続人が相続した債務全額を免責的に債務引受しました。さらに、丙は乙が甲から相続により承継し、それを乙の相続人である田中幸子、田中明子が承継した債務についても免責的に債務引受しました。これにより、丙は自らが相続した債務と併せて、甲の負担していた下記債務全額について、甲が銀行に差し入れた平成○年○月○日付金銭消費貸借契約（以下「原契約書」という）の各条項および、銀行が丙に交付する返済予定表に従って債務の履行をすることを約します。

（注）署名欄には「相続人」という肩書で、甲の相続人・乙の相続人の全員が署名捺印します（この全員が甲の債務を一旦相続することになるので、債務承認もこの全員がすることになります）。

II　Q&A

Q26 アパートローンの債務者に相続が発生し、長男が免責的債務引受契約をすることに同意しましたが、相続人の1人である、被相続人の前妻の子供については、署名捺印がもらえません。長男も同相続人については没交渉であるし、連絡はしないで欲しいといっています。同人の署名捺印はなくても問題はないのでしょうか。

26-1 免責的債務引受契約自体は免責される相続人の署名捺印がなくても成立しますが、実務上は、基本的に相続人全員の署名捺印をもらっています。これは、旧法474条2項で「利害関係を有しない第三者は債務者の意思に反して弁済することができない」とされ、債務引受人が他の相続人の債務を引受けることは、この第三者弁済に該当し、他の相続人の意思に反する場合はできないと考えられるからです。なお、「利害関係を有する第三者」とは「弁済をすることについて法律上の利害関係を有する第三者をいう」とされ（最判昭和39年4月21日）、具体的には保証人や物上保証人をいうと考えられています。

「可能性」としては、免責的債務引受契約（債務引受人をAとします）に署名捺印をしていない相続人（Bとします）が、後日になって、当該債務引受（被相続人の債務のうち、自分（B）の法定相続割合に相当する分）は自分の意思に反しているので無効であると主張することが考えられます。そうすると、銀行としては、Aから弁済を受けた分（Bの法定相続割合相当分）は不当利得となるのでAに戻し、改めてBに請求しなければならないということになります。さらに、

> Step 4 管理

この主張が相続発生後5年経過後になされると、Bが時効を援用すると銀行はBに請求できなくなるという事態も想定されます。したがって、基本的に相続人全員の署名捺印をもらうことにしているのです。

しかし、実務上は、このQのように全員の署名捺印がどうしても揃わないこともあります。この場合、何年も依頼し続けて実質的にそのままになる（全相続人の分割債務のまま(注)）よりは、前記「可能性」を認識しつつも一部相続人の署名捺印は省略して、免責的債務引受契約をすべきであると考えます。

この「可能性」についても現実的には次の理由から問題となることはまずないと考えられます。

① 自分の債務を他の親戚が弁済してくれているのに異議を言うことは通常は考えにくい。

本件の場合、得をするのはAであり（Bの法定相続割合に相当する分の債務の弁済を免れる）、Bがそもそも疎遠であるAのためにわざわざ申し出ることも（通謀することも）も考えにくい。Bは相続発生後5年経過前に申し出れば（主張すれば）、自らが請求されることになるし、5年経過後に主張してさらに時効を援用するとしても、もともと請求されていなかった債務が、時効により請求されないことになるというだけである。

② 異議を唱えたとしても、アパートローンのように担保がある（土地建物に抵当権設定）場合は、物上保証人（利害関係を有する第三者）の弁済となりAはBの意思に反してもBの債務を弁済できることになるので問題ない。

具体的には、担保物件がAの所有になっていればBの債務（相続債務）に担保提供（物上保証）しているかたちになり、担保物

件が未だ被相続人名義のままであれば全相続人の共有状態でありAの持分についてBの債務に担保提供（物上保証）しているといえる（遺言や遺産分割協議で、担保物件がA以外の相続人の名義になっている場合は問題であるが、そのような場合にAが債務のみ負担するということは現実には考えにくい）。

（注）債権管理が煩雑になり、また、その相続人達にさらに相続が発生し複雑化するリスクがあります（詳しくは「銀行法務21」No.831p30拙稿参照）。

26-2 この旧法474条2項は、改正債権法では、「債務者の意思に反することを債権者が知らなかったときはこの限りでない」としています（新法474条2項）ので、この面での問題はほとんどなくなります。ただし、この改正債権法の条項は施行日（2020年4月1日）後に債務が発生し、その債務の相続についての適用になりますので（改正債権法附則25条1項）、改正債権法の施行日以降もまだ当分は問題となる可能性はあります。

一方、改正債権法では「債務引受」に関する条文が新設され、「免責的債務引受は、債権者と引受人との契約によってすることができるが、その場合には債権者が債務者にその契約をした旨を通知した時にその効力を生ずる」（新法472条）とされ、この条文は改正債権法施行以降に締結された引受契約から適用されます（改正債権法附則23条）。この場合は、債務者の意思に反するかどうかは、無関係です。

本件の場合、Bには通知をしないとすると、この条文を素直に適用すると、免責的債務引受契約の効力が生じないということになります。しかし、改正債権法が債務者への通知を効力発生要件としたのは、債務者が知らないうちに契約関係から離脱することになることを

防止する趣旨であるとされていますので（法制審議会民法（債権関係）部会資料Ａ67・p 38)、本件Ｂ（相続人）のように自らの意思で債務者になった訳ではなく、自らが債務者であるという認識もない可能性がある場合にも形式的に適用すべきかどうかは疑問があると思います。また、Ｂが敢えてその主張（免責的債務引受契約の効力の否定）をすることに意味（メリット）もないと思われます。

一方、Ａは自ら免責的債務引受契約を締結しているのであり「債務者への通知の不着」を理由に免責的債務引受契約の成立を否定することは法的には難しいと思われます。

実務としては、念のため、Ａから「債務者への通知が不着の場合でも併存的債務引受として有効」（新法470条2項）との確認書を受領しておくということが考えられます。

Q27 保証人が亡くなりました。保証債務はどうなるのでしょうか。銀行としてはどうすればよいのでしょうか。

A

27-1 保証債務も「債務」ですので、Ｑ22に記載のとおり、債務者が亡くなると法的に当然に法定相続割合で相続され、相続人全員の「分割債務」となります。しかし、そのままでは債権者としては債権管理上不都合ですので、保証人として適任な人に100％の保証人になっていただくようにします。

その場合、主債務の時のように免責的債務引受によって保証債務の債務者（＝保証人）を集約するという方法もありますが、煩雑でもありますので、通常は各相続人が相続した保証債務を全て一旦免除し

て、改めて新保証人と保証契約を締結する（保証書を差し入れてもらう）という方法をとることが多いようです（**なお、Q18参照**）。

Q28 債務者の不動産に抵当権を付けて融資をしましたが、債務者が無断で当該不動産を売却してしまいました。こんなことが許されるのでしょうか。

また、債務者の建物に第1順位の抵当権を付けていましたが、債務者が勝手にその建物を取り壊し、新しい建物に他の金融機関を第1順位とする抵当権を設定させてしまいました。当行は抵当権の抹消を承諾した覚えはないのに、どういうことなのでしょうか。

28-1 多重債務者は、債権者や税務署の差押えを逃れるために、不動産の所有権を配偶者などに移したり、借金先に困り金融業者に物件を譲渡したりするケースが、しばしばあります。

抵当権の付いている不動産でも、譲渡（売却・贈与等）することは可能です。

しかし、そのような場合、銀行は約定違反を理由に、失期→（代位弁済）→抵当権実行ができますので、その場合は買主は結局、当該不動産の所有権を失ってしまうことになります。

実務的対応としては、そのような債務者に対しては、次の①のような書面を送り、または②のような対応をとることが考えられます。

① ⓐ 当該不動産の所有権を○○日以内に元に戻さなければ、保証会社に代位弁済を請求すること

> ⓑ　そうすれば「事故扱い」となり、クレジットカードなども使用できなくなる可能性があること
> ⓒ　その後、抵当権を実行することになること
> ⓐ～ⓒを内容証明郵便等で通知し、元に戻すよう強い態度で通告する。
> ②　物件の新所有者を連帯保証人とすること

しかし、結局、代位弁済となるケースが多いと思われます。

なお、この場合でも第三者提供担保としてこの抵当権は有効なので、相続対策で物件の名義を妻や子供に移転した場合など、債務者の返済能力には懸念がないと思われるケースでは（保証会社とも協議のうえ）、例外的に、失期させず、その後も約定返済を認めることもあります。

この場合でも、新所有者の**抵当権消滅請求**（民法379条）を防ぐため、物件の新所有者は連帯保証人とします（民法380条）。

　　（注）抵当権設定契約書、金銭消費貸借契約書には、通常「銀行の承諾なしには、抵当物件を譲渡しないこと」「抵当物件が滅失した場合は、ただちに銀行に通知すること」「これらの約定に違反した場合は、期限の利益を失うこと」などの規定があります。

28-2 登記された建物が滅失すると、その登記は実体と異なるものになります。したがって、滅失の事実が判明すれば、当該登記は（甲区、乙区とも）法務局の職権で抹消されます。抵当権設定登記の抹消も、抵当権者の承諾は不要なのです。

そして、同一の土地の上に建物が再築されても、建物の同一性はないので、前の登記の効力はなく、抵当権の優劣も再築後の設定登記の順になります。

このように、担保滅失→再築→他行の抵当権設定、となってしまった場合の実務的対応としては、前記のように約定違反を理由に、失期→代位弁済→抵当権実行（土地部分）を通告して、他行の抵当権との順位変更を求めるほか、その他の担保（不動産・有価証券など）の差入れや、保証人の追加などを、強い態度で要請することになります。

28-3 この場合（28-2）は、前記無断売却の場合と異なり、担保が減少していますので、このまま約定弁済を認めるケースは稀で、順位変更等の要請に応じない場合は、全額返済の交渉をして、失期→代位弁済とせざるをえないでしょう。

Q29 債務者の預金に対して、裁判所から差押（または仮差押）通知がきました。銀行としては、どのように対応したら良いのでしょうか。また、その預金は、いつ誰に支払えば良いのでしょうか。
【資料5-2】陳述書　P184参照

A

29-1 差押命令・仮差押命令が出されますと、対象の財産（本件の場合は債務者の預金）は債務者の処分が禁止され、第三債務者である銀行（銀行は差押債務者の預金の債務者ですので、第三債務者といいます）は、その預金者に支払えなくなります

(民事執行法 145 条 1 項)。

（→《基礎知識 19》差押えと仮差押え）

　預金に対する差押通知または仮差押通知が銀行に送達された場合の一般的な対応は、次のとおりです。

29-2 ①まず、当該通知書で支店名・預金者・預金口座が特定できますので、その口座がその支店に存在するかを確認します。民事執行規則（133 条 2 項）で、債権差押命令の申立てにおいては、差押えるべき債権を特定するに足りる事項を明らかにする必要がある、とされているからです。

　たとえば、氏名は一致するが住所がまったく異なる場合は、「該当する口座はない」ということになりますが、住所の表記が一部異なる場合などは、後日、更正決定が発せられれば（仮）差押命令到達時に遡って同命令の効力が生じますので、一応、後記②の処理はしておき、「陳述書」（【資料 5-2】P184 参照）に、「該当する口座に類似する口座はあるが、一部表示が異なり、特定できない」旨付記して回答するのが良いでしょう。

　なお、数店舗以上の支店の指定（口座番号の特定はなし）があった場合に、特定性を否定した決定があります（東京高決定平成 14 年 9 月 12 日）。また、単に「本店あて」に送達され、「本店」には該当口座がない場合は、最近の判例（決定）の流れから、銀行は全店照会をかける義務はなく、「本店には該当口座なし」と回答すれば良いと考えられます。

　近時、支店の特定に関する最高裁決定が出されましたので紹介しておきます（最決平成 23 年 9 月 20 日）。

「第三債務者である金融機関の支店を一つに特定することなく「全支店」を対象に順位付けをして債権差押命令を発する方式による本件申立は、差押債権の特定を欠き不適法である。」

いずれも、各行の本部とよく協議して対応してください。

29-3 ②次に、すみやかに、当該差押対象預金について「払出停止」の処理（内部処理）をします。

差押えの効力は、（仮）差押命令到達時の元本およびその元本から差押後に生じる利息に及びます。したがって、差押後に入金となったものや、差押時にすでに発生済みの利息は差押対象外なので、これを区別するため普通預金など流動性預金に対する差押えの場合は、差押時の残高を別段預金に移し、その別段預金に対して付利するという処理をする銀行が多いようです。

なお、差押時にすでに発生済みの利息に対しても、差押命令（差押債権目録）にその旨記載されていれば、差押えの効力が及びますので注意が必要です。

29-4 本件のような債務者の預金の場合は、当該預金は差押債権者へは支払わず、相殺原資とする場合が多いので、銀行は、当該預金者がカードローン・総合口座なども含め自行に対して負っている債務が他にないか、各種手数料等の未払いはないか、保証債務はないかを、僚店も含めて確認し、「陳述書」（【資料 5-2】P184 参照）に、相殺予定である旨記載します。

なお、差押時点では金銭消費貸借契約などの契約上の返済期限が未到来の債務（銀行の債権）であっても、通常は当該契約書に「債務者

の預金が差押えられたときは、当該債務の期限の利益を失う」という「失期条項」が入っていますので、相殺適状となります。

(失期➡《基礎知識 9》期限の利益・失期・Q 31、
相殺適状➡《基礎知識 10》相殺とは)

29-5 また、当該預金に自行または他行の質権の設定がないか確認し、ある場合はその質権と差押えとの優劣を確認します。この優劣関係は、差押債権者が税当局（滞納処分差押え）の場合は、その延滞中の税の法定納期限（滞納処分差押通知書に記載してあります）と、質権設定の確定日付との早いほうが優先します。また、差押債権者が一般の債権者（強制執行による差押え）の場合は、差押通知書の到着と、質権設定の確定日付との早いほうが優先します。

なお、自行の預金へ自行が質権設定している場合は、質権の確定日付の取得がなくても、銀行の持っている債権（＝自働債権）が差押以前に生じたものであれば、相殺で対抗できます（最判昭和 45 年 6 月 24 日➡Q 20）。(自働債権➡《基礎知識 10》相殺とは)

29-6 差押え・仮差押えがあった旨の預金者への連絡については、第三債務者（銀行）に法的義務はありません。しかし、債務者（預金者）への裁判所等からの通知は第三債務者への通知に遅れてなされますので、特に日常の支払いに充てる預金が差押えられた場合で届出住所に電話等で連絡をとることができるとき等は、連絡する場合もあります（各行のルールに従ってください）。

なお、債務者の預金の場合は、前記のとおり、通常は失期条項により当該債務が失期しますので、その通知（預金差押えにより失期した

旨の通知）をします。

29-7 ③当該預金の差押債権者への払出しは、次のいずれかの場合に応じます。

> ① 差押命令が債務者（預金者）に到達してから1週間が経過したとき（民事執行法155条1項）
> ② 差押債権者がさらに**転付命令**を得たとき
> 　※転付命令によって、差押えられた預金が差押債権者に移転します（民事執行法159条）。
> ③ 滞納処分差押えの場合
> 　※徴収職員は、差押えと同時に取立てができます（国税徴収法67条1項）。

①・②・③それぞれの場合に応じて、差押債権者から確認書類・受取証等を受領して、支払いをします。

なお、確認書類は、

①の場合は、差押命令送達済み（債務者へ）の裁判所の通知書（送達後1週間経過していることを確認すること）

②の場合は、転付命令送達済み（債務者、第三債務者双方へ）の裁判所の通知書、および転付命令が確定した旨の裁判所の証明書

③の場合は、徴収職員の身分証明書

を確認すれば良いでしょう。

支払いに際しては、前記の相殺対象債権の有無・質権設定の有無に注意するほか、他の差押えの有無（差押えの競合）にも注意します。

Step 4 管　理

　なお、満期未到来の定期預金について、差押債権者が支払いを請求してくるケースがときどきあります。これについては、預金の支払いについて期限の利益は銀行にありますので、原則として応じる必要はなく、「期日到来後、支払います」ということで問題ありません。ただし、預金者了解のうえで、銀行の裁量で応じる場合もあります。

> **基礎知識 19　差押えと仮差押え**
>
> ●たとえば、訴訟で銀行側（債権者）が勝訴して、相手方（債務者）は銀行に対して1,000万円を支払え、という判決が確定したとします。しかし、相手方が、ただちにその判決に従って支払うとは限りません。支払わない場合は、確定判決に基づいて、相手方の財産について強制執行をすることになりますが、その第一段階として、裁判所の命令で、この対象財産について債務者の処分を禁止することが、**差押え**です。預金のような「債権」の差押えの場合は、第三債務者（＝当該被差押債権の債務者、被差押債権が「預金」であれば銀行）に対して処分（弁済）禁止の命令が出されます。
>
> 　また、この 民事執行法上の差押え に対して、滞納処分（税金等の滞納者の財産を、強制的に換価する手続き）の第一段階としての 租税法上の差押え もあり、これは裁判所の命令でなく、行政権（税当局）自らが、これをすることができます（国税徴収法47条）。
>
> 　※単に金銭消費貸借契約があるだけでは、債務不履行となっても、質権・抵当権等の担保権を設定しない限り、債務者の財産から強制的に回収することはできません。「確定判決」のように、権利者の権利を公認し、法律によって執行力を付与された公正の文書を**債務名義**といい、強制執行（その第一段階としての差押え）をするためには、この債務名義が必要です。
>
> 　※債務名義としては、この他に、「支払督促」「強制執行認諾文言の入った公正証書による金銭消費貸借契約」などがあります。
>
> ●これに対して**仮差押え**とは、金銭債権の将来の執行が不能または著しく困

難になるおそれ（たとえば債務者の財産隠匿・処分・費消等のおそれ）がある場合に、将来の強制執行の効力を確保するため債務者の財産を保全する民事保全法上の手続きです（「差押え」は民事執行法上の手続きです）。

　具体的には、裁判所に対して、ⓐ被保全権利の内容、ⓑ保全の必要性、の２点を「疎明」（「証明」には至らないが、一応確からしいという心証を裁判官に得させること）し、裁判所の指示による保証金を供託する（「立担保」といいます）ことで、仮差押えの決定が出されます。この「保証金」は、実務的には、立担保を銀行保証（支払保証）でおこないたい旨、裁判所に申請し、許可を得て、（他の）銀行の保証でおこなうことも多いようです。

　なお、仮差押えの決定は通常、差押債権者の「疎明」のみで債務者側の意見は聴取せずになされますので、場合によっては、仮差押えの基礎とされた請求権（被保全権利の内容）の存否の訴訟（「本案の訴訟」といいます）で仮差押債権者側が敗訴し、結果的に、その仮差押えが不当なものであったとされることもあります。この供託された保証金は、その際に仮差押えを受けた側が被った損害の賠償金に充当されるもので、差押債権額の１～３割程度の金額が、裁判所より示されることが多いようです。

Step 4 管理

Q30 裁判所から、預金の差押通知とともに、債権差押命令についての「陳述書」を出すように、との催告書が届きました。どのように対応すれば良いのでしょうか。
【資料5】(仮)差押債権目録、陳述書 P183・184参照

A

30-1「陳述書」は通常、差押・仮差押命令と同時に第三債務者(本件の場合は銀行)に送達され、第三債務者は送達の日から2週間以内に回答する義務があり、この陳述をしなかったり不実の陳述をしたときは、これによって生じた損害を賠償しなければなりません(「差押え」は民事執行法147条、「仮差押え」は民事保全法50条5項)。

「2週間以内に回答する」とは、具体的には(仮)差押命令到達日の翌々週の応当曜日までに、裁判所に陳述書が到達するという意味です。

30-2【資料5-2】陳述書の「1　差押えに係る債権の存否」とは、差押えの対象となっている預金の存否のことです。「ない」場合は、「2」以下の記入は不要です。

30-3「2　差押債権の種類及び額」の欄は、次のように記入します。

① 差押対象の預金の残高合計が、差押債権額(差押えの原因となった、差押債権者の債権)より小さい場合は、当該の預金種類(普通預金、定期預金等)およびその預金残高を、そのまま記載

します。

② 差押対象の預金の残高合計が、差押債権額より大きい場合は、差押通知書の「(仮)差押債権目録」(【資料5-1】)記載の指定に従って（特定の預金を指定してあるか、または、固定性預金→流動性預金の順・口座番号の若い順、などという指定の仕方になっています）、差押債権額に満つる（達する）までの預金種類と、その預金の差押対象部分の金額を記載します。

30-4 債務者の預金の場合は、「4　弁済する範囲又は弁済しない理由」の欄に、たとえば「反対債権があり全額相殺予定」（この場合は「3　弁済の意思の有無」は「ない」とする）としたり、同欄に「反対債権○○円あり、相殺後の残金については（期日未到来の定期預金等の場合）期日到来後、弁済する」（この場合は「3　弁済の意思の有無」は「ある」とする）などとします。

30-5 当該預金に質権が設定されている場合は、「5　差押債権について、差押債権者に優先する権利を有する者がある場合の記入欄」の「優先権利者の住所、氏名」の欄に質権者の住所・氏名を記入し、「その権利の種類及び優先する範囲（金額）」欄に、例えば「定期預金○○円に付き質権設定あり。質権者□□」と記載します。

「6　他の差押　仮差押　仮処分」の欄は、それらがある場合に設欄の各項目を記入します。

Step 4　管　理

基礎知識 20　税務調査への対応

- 税務調査には、任意調査と呼ばれるものと、強制調査と呼ばれるものがあります。
- **任意調査**は、所得税法234条や国税徴収法141条等、各種税法の**質問調査権**等に基づくもので、税務署・国税局の調査官の「調査証」による調査です。銀行の承諾のもとにおこなわれるものですが、銀行側も正当な理由がないと拒否はできず（正当な理由なく拒んだり、偽りの回答をした場合は罰金となります。所得税法242条、国税徴収法188条等）、実務上は、誰の調査なのか明確にしない、いわゆる「普遍的・一般的調査」（例えば、預金残高1,000万円以上の人のリストの提出依頼）でない限り応じています。

  なお、この場合、調査に応じて預金の残高等を教えることは、（法に基づくものですので）銀行の守秘義務違反にはなりません。また、税務調査を受けた事実を当該顧客に知らせる義務も、銀行にはないと考えられます。
- **強制調査**は、国税犯則取締法2条や国税徴収法142条などに基づく臨検・捜索・差押えのことで、国税局査察部の査察官の「令状」による調査です。これは、銀行の承諾にかかわらずなされ、原則として、必要なものは何でも調べることができるものです。銀行側は拒否すれば、脱税の共犯・幇助、公務執行妨害など刑法上の責任を問われることがあります。
- 通常問題となる「任意調査」について、その対応上の留意点を挙げると、次のとおりです。

  ▶税務職員の身分証明書の提示を受ける
  　※所得税法236条や国税徴収法147条等に基づき、銀行側は提示の請求ができます。
  ▶国税局長・税務署長等の証印のある調査証の提示を受け、調査対象が普遍的・一般的でないことを確認する

- 貸出稟議書については、銀行内部のメモとして、呈示を求められても、一

般的にはとりあえず断るべきですが、強制調査の段階になれば、提出せざるをえなくなると考えられますので、そのような事態も予想されるケースでは、任意調査の段階で応じることもあります（本部と相談のうえ対応すべきでしょう）。

　なお、貸出稟議書について、いわゆる「自己使用文書」として民事訴訟法220条の文書提出義務がないとされた事例（決定）があります（最決平成11年11月12日）が、これは私人間の訴訟において相手方の申立てに基づく場合であり、税務当局の強制調査の場合は、あてはまらない（したがって提出を拒否できない）と考えられます。

Q31

失期（期限の利益の喪失）には、「請求失期」と「当然失期」があると聞きましたが、どう違うのですか。また、「請求失期」と「支払催告」とは、どう違うのですか。

A

31-1 銀行取引約定書や金銭消費貸借契約には、次のような条項があります。

　以下の①が当然失期条項、②が請求失期条項です。

（➡《基礎知識9》期限の利益・失期）

---

① 私について、次の各号の事由が一つでも生じた場合には、貴行からの通知催告等がなくても、貴行に対する一切の債務について、当然期限の利益を失い、ただちに債務を返済します。

　　ⓐ支払いの停止または破産手続開始、民事再生手続開始、……の申立てがあったとき。(注1)

　　ⓑ私の預金について仮差押え、……の命令・通知が発送され

> たとき。
> 　ⓒ～以下省略～
> ②　次の各場合には、貴行の請求によって、貴行に対する一切の債務の期限の利益を失い、ただちに債務を返済します。
> 　ⓐ私が債務の一部でも履行を遅滞したとき。(注2)
> 　ⓑ～以下省略～

（注1）この条項は、一般の融資の場合は当然失期条項ですが、消費者ローンの場合は請求失期条項（②）となっている例が多いようです。

（注2）延滞による失期の条項は、消費者ローン等（住宅ローン、アパートローン）では、Ⅲ．ローン契約書の解説　第4条1項1号（p 155）のように、通常ⓐの「当然失期」になっています。そのため、非常にわかりにくい条項になっています。P156の解説をよく読んで対応してください。

31-2 すなわち、**当然失期**とは、破産の申立てがあったとき、債務者の預金が差押えられたとき、など債務者の信用状態の悪化を示す一定の事由が発生した場合は、その発生をもって当然に（債権者からの意思表示・通知等なしに）債務者は期限の利益を失うということです。

　なお、当然失期に該当する事由が発生し失期しても、銀行の判断で再度期限の利益を与える場合も稀にあります。

　たとえば、債務者の預金に仮差押えがなされたが、仮差押解放金が供託された場合など、すぐに仮差押えが取消される見通しのときや、失期させて保証会社が代位弁済しても、預金相殺や担保による全額回収ができる状態にないが、最終返済期限を延長して毎回の返済額を減らすなどにより、全額回収が可能と思われる債務者の場合などです。

このときは、返済期限について確認書・変更契約を締結することなどにより、改めて期限の利益を付与することになります。

なお、この際、金銭消費貸借契約を締結し直したりしないように気を付けてください。契約のし直し（更改）をすると、担保が普通抵当権の場合は、従前の抵当権は付従性により消滅し、後順位の抵当権者がいる場合は、その後下位に改めて抵当権を付けることになってしまいます。従来の金銭消費貸借契約を生かして、その「変更契約」または確認書とすべきです。

31-3 一方、**請求失期**とは、債務の履行遅滞等、一定の事由が生じた場合、債権者から債務者に失期させる旨を通知する（当初の約定上期日未到来である部分も含めて、全額ただちに支払うよう請求する）ことで、失期するものです。

この請求失期のための通知を、「請求」という言葉から、単なる支払請求（支払催告）と混同する方も見受けられますが、支払催告は、たとえば「平成〇年1月31日までに、現在延滞中の約定返済金10万円を支払ってください」というもので、延滞の月数が多い場合は、これにさらに「当該期日までに支払いがない場合は、期限の利益を喪失させて、全額ただちにお支払いいただくことになります（＝失期させます）」という文言を付け加えます。

一方、請求失期のための通知は、通常、この支払催告をしても支払いがない場合に出されるもので、もはや延滞分のみの支払いではなく、「（失期させますので）元利金全額を、ただちに支払ってくださ

い」というものです。それは、その後の相殺や代位弁済、担保権実行を視野に入れたものです。

図3　支払催告と請求失期通知

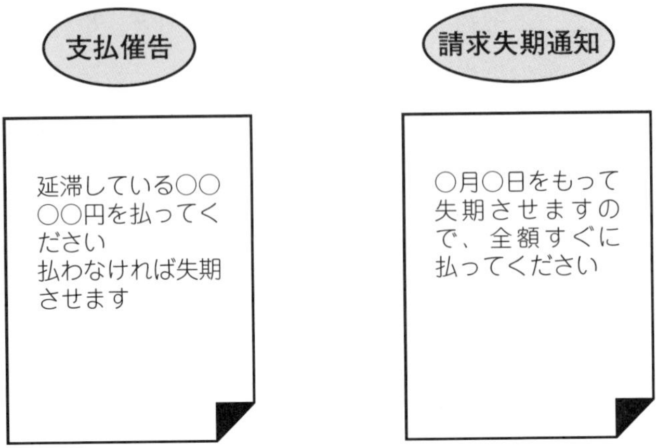

支払催告

延滞している○○○○円を払ってください
払わなければ失期させます

請求失期通知

○月○日をもって失期させますので、全額すぐに払ってください

【資料１】P174参照

Q32

金銭消費貸借契約では、債務不履行の場合は年14%の遅延損害金を払うことになっていますが、たとえば当月の約定返済額25万円が延滞した場合（内利息分15万円・元本分10万円として）、①この利息分15万円に対しても14%の遅延損害金を請求するという意味ですか。②また、元本については、通常発生すべき約定利息と年14%の遅延損害金の両方を請求するという意味ですか。

A

32-1 通常、金銭消費貸借契約には「この約定による債務を履行しなかったときは、支払うべき金額に対して年14%の割合による損害金を支払います」というような内容の条項が入っています。

この条文からは、

① 利息の延滞分についても別途14%の損害金を支払う必要がある

② 約定利息とは別に損害金を支払う必要がある

とも解釈されます。

しかし実務上は、慣行として、

① 利息の延滞分については、さらにその（利息の）延滞損害金の請求はせず、延滞元本（本件の場合は元本部分の10万円）に対してのみ14%の損害金を請求します。

また、

② 延滞後は約定利息に代えて延滞損害金を請求するという意味で、元本の他は、年14%の損害金のみを請求します。

Step 5 回収

Q33 返済期限までにまだあと5年ありますが、債務者から全額返済をしたい（または全額ではないが、余裕金ができたので約定弁済額のほかに増額して返済をしたい）との申し出がありました。変更契約などは、どのようにすれば良いのでしょうか。

A

33-1 契約書上の「返済期限」は、当該期日までに返済する（それまでに返済すれば良い＝債務者の期限の利益）という意味ですので、これ以前に返済すること、すなわち期限の利益を放棄することは、原則、債務者の任意（自由）です。

したがって、完済する場合、変更契約は原則不要です。

ただし、（特に固定金利の貸出しの場合に多いのですが）約定上期限前弁済は銀行の承諾が必要となっている場合は、承諾するかどうかは銀行の裁量ですし、また、一定の期限前弁済手数料・違約金を債務者が支払う約定となっているものについては、請求する必要があります。

※違約金等を免除する場合は、社内規定によって稟議事項となると考えられます。

一部増額返済の場合は、その返済後の残額の返済方法について、最終返済期日を早めるか、毎回の返済金額を減らすか等の今後の返済方法についての変更契約をする必要があります。この場合も通常、手数料等がかかります。

なお、この期限前弁済手数料・違約金については、当初（融資実行時）に説明がなかったとしてトラブルになる例がしばしばあります。

通常、契約書に記載してありますが、加えて口頭でもきちんと説明をしておくようにしてください。

※銀行によっては、説明を受けた旨の確認書を別途求めるところもあるようです。

Q34 Aさんのローンの返済が滞っており、本人の預金口座には残高がありませんが、保証人のBさんの預金口座には残高があります。相殺による回収は可能ですか。

また、延滞は約定弁済3ヶ月分で、（元本全体の）失期はまだされていませんが、相殺は可能ですか。

34-1 相殺をするには、同一人同士の債権債務が対立している必要があります。

（➡《基礎知識10》相殺とは）

保証人Bさんの預金は、銀行のBさんに対する債務であり、銀行のAさんに対する債権（ローン）とは当事者が異なり対立していませんが、銀行の、保証人Bさんに対する「保証債務履行請求権」とは、共に銀行とBさんとの債権債務関係であり、対立関係にあります。

したがって、銀行はBさんへの「保証債務履行請求権」を自働債権、Bさんの預金を受働債権として相殺することができます。

34-2 相殺をするには、双方の債務が弁済期にあることが必要です。本件の場合、銀行の債務である「預金」は、銀行が期限の利益を放棄すれば弁済期になります。一方、Bさんの保証債務については、Aさ

Step 5 回 収

んの債務が弁済期にある必要がありますが、約定弁済3ヶ月分が延滞しているということは、すなわちその分は（3ヶ月分は）弁済期がきているということです。

したがって、相殺の対象（自働債権）が、その3ヶ月の延滞分のみであれば、失期させる必要はありません。

しかし、実務的には2〜3ヶ月の延滞分のみ相殺で回収することは稀で、数ヶ月延滞が続き、失期させるべき状況（債務者の約定返済は困難との判断）になってから、（全額）失期→相殺→（保証会社による）代位弁済、という手順になることが多いようです。

なお、金銭消費貸借契約では、通常、1ヶ月でも返済が滞れば失期させられることになっていますが、1〜2ヶ月の延滞で失期させることは、延滞常習者であったり、今後、返済の見込みがないと判断される理由がある場合など以外は、銀行の権利の濫用と言われかねませんので注意が必要です。

Q35 個人の債務者が自己破産を申立てました。債権者としては、もうこの人からの債権回収はあきらめざるをえないのですか。また、この人は社会生活のうえで、どのような影響（不利益）がありますか。

A

35-1 まず、破産手続きの、おおまかな流れについて説明します。

破産手続開始の申立ては、債務者本人または債権者によりなされ、前者を**自己破産**といいます。

申立てがなされると、裁判所

は破産原因の有無について審査し、申立人の財産・信用・労力・給与などから総合的に判断して支払不能の状態であると判断すれば、**破産手続開始決定**をします。この申立てから決定までの期間は、個人破産の場合は通常１週間〜１ヶ月くらいですが、裁判所によっては即日というところもあるようです。

費用は、後記の同時破産廃止の場合で、裁判所へ納める費用は約３万円ですが、手続きを弁護士に依頼する場合は、この他に弁護士報酬として 50 〜 60 万円程度必要です。

35-2 原則的には、この破産手続開始決定時に破産管財人が選任され、この管財人が債務者の資産を調べて、その資産（破産財団）を債権者に公平に分配することになります。

しかし、この際、債務者にみるべき資産がなく、管財人の費用などの破産手続費用（20 万円程度）にも不足する場合は、決定と同時に破産手続きを終了させますが、これを**同時破産廃止**といいます。

なお、不動産がある場合は原則として、同時破産廃止にはなりませんが、不動産評価額の 1.5 倍以上の被担保債権（抵当権の）がある場合は同時破産廃止が認められることもあるようです。

これに対して、破産管財人が選任され破産手続きが開始された後に、費用不足が判明して破産手続きを終了させる場合を、**異時破産廃止**といいます。

35-3 さらに、**免責**が認められると、債務は消滅し、後記の公私の資格制限もなくなり、破産手続きのない状態に戻ります（これを「**復権**」といいます）。

Step 5 回 収

　この免責の申立ては、同時破産廃止決定がなされた場合は、廃止決定が確定（官報で公告されてから2週間）してから1ヶ月以内になされなければなりませんが、平成17年1月施行の改正破産法では、自己破産の場合は、原則として、破産手続開始決定と同時に免責の申立てがあったものとみなされます（破産法248条4項）。

　裁判所は、破産法252条の免責不許可事由の有無を、債務者の審尋（本人質問）などで調査しますが、<u>審尋期日は債権者にも通知され出席の機会が与えられるほか、債権者は免責申立てに対して異議の申立てができます</u>。

　この「免責不許可事由」とは、
① 破産財団（破産者が破産手続開始決定時有する一切の財産）に属する財産を隠匿・毀損したり、債務者の不利益に処分したとき
② 浪費・賭博などの行為で著しく財産を減少させたり、過大な債務を負担したとき
③ 免責申立前7年以内に、当該債務者が免責を受けたことがあることが判明したとき

など11項目ですが、②については、近年は、かなりゆるやかに解釈されるようになってきているようです。

35-4 <u>債権回収との関係では、破産申立てがなされると債権者の請求（督促）・任意回収はできなくなりますが、相殺や担保権の実行は破産手続によらないでおこなうことができます。</u>

　※相殺については破産法67条、担保権については破産法2条10項、65条。破産手続きの外で行使できる担保権を、**別除権**といいます。

　相殺の実行時期に制限はありませんが（破産法73条参照）、債権届

出（破産法111条）までには相殺をしておき、相殺後の債権を届け出るのが実務的でしょう。

なお、民事再生・会社更生の場合は債権届出期間を過ぎると相殺はできなくなります。また、保証人からの回収は、債務者本人が免責となっても可能です（破産法253条2項）。

35-5 破産手続開始決定がなされた場合、債務者は、公法上の資格制限として、弁護士・公認会計士・宅地建物取引主任者などになれない、私法上の資格制限として、後見人となれない、などの不利益はありますが、戸籍に記載されたり、直接的に勤務先の解雇事由となることはありません。

債務者にとって影響が大きいのは、個人信用情報センターなどの信用（事故）情報に載ることになり、最長10年間、金融機関からの借入れやクレジットカードの利用が事実上できなくなることでしょう。

なお、上記公法上・私法上の制限は、免責許可決定の確定等で「復権」となった後は、なくなります。

Q36 住宅ローンのお客様（債務者）が、返済期間延長の相談に来店しました。民事再生法（個人）の適用を考えているようです。

銀行としては、どのように対応したら良いでしょうか。

A

36-1 個人版・民事再生法の概要

1 民事再生法は、平成12年4月1日に施行されており、これは、従来の和議手続きに代わるものとして、主として中小企

> Step 5 回 収

業以上の規模の事業者のための再生手続きですが、個人債務者の再生手続きを簡素化するため同法の改正がおこなわれ、「**小規模個人再生及び給与所得者等再生に関する特則（第13章）**」と、「**住宅資金貸付債権に関する特則（第10章）**」が設けられ、平成13年4月1日より施行されました。

2 小規模個人再生手続き

小規模個人再生手続きは、主に消費者金融からの借入れやカードローンを念頭に置いたもので、無担保（担保があっても、その価格でカバーできない部分も含む）の借入総額（「基準債権総額」といいます）が5,000万円以下で、将来において継続的に、または反復して収入を得る見込みがある債務者について、書面決議で過半数（人数・議決権）の債権者が不同意の回答をしない限り、再生計画案が可決されるというもので、裁判所の認可によって債務カット（ただし、最低弁済基準額は返済する計画が必要）が認められるというものです。

この場合の「最低弁済基準額」は、基準債権総額が3,000万円以上の場合はその10％で、100万円未満の場合は全額、その間の場合についても民事再生法231条2項4号に規定があり、これを原則3年間（事情により5年まで可）で返済することになります。

3 給与所得者等再生手続き

給与所得者等再生手続きは、小規模個人再生手続きの一種で、主に消費者金融・カードローンを念頭に置いたものであることは同じですが、給与またはこれに類する定期的な収入があり、かつ、その変動の幅が小さいと見込まれる債務者については、小規模個人再生手続きよ

りさらに手続きを簡素化して、債権者の決議なしに（すなわち債権者の同意なしに）一定の債務カットが認められるというものです。

　基準債権総額の上限（無担保債権5,000万円）は小規模個人再生手続きと同じですが、返済額・返済方法については、可処分所得の2年分以上の額を、原則3年で弁済する（裁判所の認可によって、これを上回る債務金額についてはカット）こととなっています。

　可処分所得は、1年あたりの収入から1年分の費用を控除して計算しますが、1年分の費用については、基本的に生活保護レベルとされており、詳しくは政令で定められています。

❹　住宅資金貸付債権に関する特則（住宅資金特別条項）

　住宅資金貸付債権に関する特則（住宅資金特別条項）は、一般の民事再生手続き、小規模個人再生手続き、給与所得者等再生手続き、いずれの場合にも付けられる住宅ローン債権に関する特約で、住宅ローンの返済が難しくなった人が弁済期限の延長により、延滞の解消・毎月の返済負担の軽減をはかり、担保権の実行を受けず自宅に住み続けられるようにするための条項です（原則として債務カットは予定していません）。

　弁済期限の延長（リスケジュール）は、次の①〜③の3通りの特約条項の基本方式があり（民事再生法199条1項〜3項）、この基本方式であれば債権者（銀行）の同意は不要ですが、さらに債権者の同意があれば、この枠組みを超えた特約（④）も可能です（民事再生法199条4項）。

① 期限の利益回復型

　住宅ローンの元本・利息・損害金等で、再生計画の認可確

Step 5 回 収

> 定時にすでに弁済期が到来している部分（＝延滞分）は、住宅ローン以外の一般の再生債権の弁済期間（最大5年）以内に支払うという分割弁済契約を認め、いまだ弁済期が到来していないものは、当初の住宅ローン契約どおりに支払う（すなわち、延滞分についてのみ再度、期限の利益を与える）ものとする特約を付ける。
>
> ② **本格的リスケジュール型**
>   ①の方法によっては再生計画の遂行が著しく困難である場合に、最終弁済期を当初の住宅ローン契約の約定弁済期から10年以内の範囲で（ただし、債務者が70歳まで）延長し、弁済方法などは、おおむね当初の住宅ローン契約の約定に従う（すなわち毎月の返済負担を軽減する）という特約を付ける。
>
> ③ **元本猶予期間併用型**
>   ②の方法によっても再生計画の遂行が著しく困難である場合に、②の内容に加えて一定期間（一般再生債権の弁済期間の範囲内で債務者が定める期間、ただし最大5年）に限って、元金の支払額を少なくするという特約を付ける。
>
> ④ **同意型**
>   住宅ローン債権者の個別の同意があれば、10年を超えて支払期間を延長する等、①〜③の枠組みを超えた特約を付けることも可。

　また、「住宅資金貸付債権」であるためには、「住宅」についての条件があり、他の債権者により担保権の実行を受け、結局、自宅に住み続けられないという事態がないようにするために、担保物件の権利関

図4 民事再生法の特則

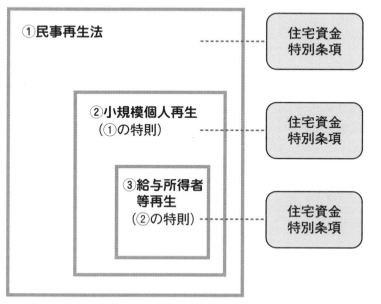

「住宅資金特別条項」は①・②・③それぞれに付けることができます。

係等の要件もあります。詳細は、【資料6】（P185）のチェックリストを参照してください。

36-2 銀行（債権者）としての対応について

1 民事再生規則101条は、住宅資金特別条項を定めた再生計画案を提出する場合、債務者はあらかじめ当該債権者と協議するものとし、当該債権者は当該住宅資金特別条項の立案について必要な助言をするものとする、として、いわゆる**事前協議**について定めています。

また、民事再生法201条は、裁判所は、住宅資金特別条項を定めた再生計画案が提出されたときは、当該債権者の意見を聴かなければ

Step 5　回　収

ならない、としています（裁判所による**意見聴取**）。

「事前協議」のほうは、訓示的な規定なので義務ではありませんが、裁判所による「意見聴取」のほうは、必須事項なので必ずおこなわれます。

2　実務的には、債務者が「事前協議」のために来店する際に、収入明細や他社分も含めた債務の全容がわかる資料などを提出してもらい、債務者と相談しながらリスケジュール案作成の支援をすることになります。

※債務者側のみでのリスケジュール案作成は、現実的に無理だと思われ、また、債権者としても、この段階で債権者の意向を少しでも反映させておくことは有用です。

また、この際【資料6】（P185）のチェックリストによる物件の権利関係等の要件チェックもおこないます。

3　裁判所による「意見聴取」の段階では、「事前協議」の時点と異なっている事項（債務者の状況、返済計画等）のチェックをし、住宅資金特別条項を定めた再生計画案の遂行可能性について、債権者としての意見を述べることになります。

※書面による照会・回答の形式となると思われます。

4　なお、前記「事前協議」は、住宅資金特別条項を定めた再生計画案を提出する場合のみ、「意見聴取」は、これに加えて給与所得者等再生手続の場合にも銀行が関与する（民事再生法240条）手続きですが、この他、法的な義務として銀行が関与するものとして、民事再生規則119条に、小規模個人再生手続きと給与所得者等再生手続きにお

いて、債務者が（債権者から）届け出のあった債権について異議を述べるのに必要なときは、債権者に対して当該再生債権の存否・額・担保不足額に関する資料の送付を求めることができ、また、債権者はすみやかにこれに応じること、とされているので、この場合は銀行として協力する必要があります。

債務者との「事前協議」における具体的対応は、【資料7】（P186）のような相談シートに従っておこなうと良いでしょう。

なお、すでに保証会社が保証債務履行（代位弁済）をした場合であっても、住宅資金特別条項を定めた再生計画の認可決定が確定した場合は、当該保証債務履行は、なかったものとみなすとされています（民事再生法204条、いわゆる「**巻き戻し条項**」）。

Q37 ローン債権は何年で時効になるのですか。時効になりそうなとき、内容証明郵便で催告書を送っておけば、進行を止められますか。
時効管理はどうすれば良いのでしょうか。
また、改正債権法ではどのようになりますか。

A

37-1 銀行の貸出金は、**5年**で時効（消滅時効）となります。

民法上の消滅時効は10年（旧法167条1項）ですが、商行為の場合は5年（商法522条）であり、銀行は商人で（商法502条8号）、当事者の一方が商人である取引は商行為とされます（商法3条1項）ので、個人を債務者とするローンでも5年で時効となるのです。

Step 5 回 収

37-2 この「5年」起算日は、弁済期日の翌日で（民法140条）、その日から時効が進行します。失期の場合は、失期日の翌日から進行します。（➡《基礎知識9》期限の利益・失期）

また、5年が経過し、時効が完成する日は、起算日（弁済期日の翌日）の応当日の前日（その日が休日の場合はその翌営業日）となります。

たとえば、平成25年6月30日の弁済期日に延滞が始まった貸付金は、平成25年7月1日から時効が進行し、平成30年6月30日に時効が完成します。

なお、元本全体の返済期日が到来した場合でなく、ローンの毎月返済分、たとえば10万円（元本部分6万円、利息部分4万円とする）が延滞した場合にも、元本6万円・利息4万円それぞれについて約定返済日の翌日から時効が進行します。

37-3 時効が完成しても債権が自動的に消滅するわけではなく、債権者として請求することは法律的に問題はなく、その後、債務者が支払った場合は有効な弁済となります。

時効は、その利益を受ける者がその旨主張すること（**時効の援用**といいます）によって、はじめて確定的に効果が生じます（旧法145条・新法145条・最判昭和61年3月17日）。つまり、債務者が「自分の債務は時効になっているので支払わない」という主張をすることにより、債務が消滅します。

なお、債務者が、時効の完成を知らずに弁済や債務承認をした場合でも、その後、改めて時効の援用をすることはできません（最判昭和

41年4月20日)。

37-4 時効の基礎となった事実状態と相容れない一定の事実が生じた場合に、時効期間の進行を中断させることを、**時効の中断**といいます。中断後は、(当該中断事由が終了後) あらたに最初から時効を起算します (旧法157条)。

旧法147条は、中断事由として、①請求、②差押え・仮差押え・仮処分、③承認を挙げています。

具体的中断方法としては、次のとおりです。

① 請求

請求には、裁判上の請求 (訴訟の提起)、催告、(民事訴訟法上の) 支払督促などがあります。

裁判上の請求は、時効中断の効力がありますが (ただし、訴えの却下または取下げの場合には効力は生じません。旧法149条)、<u>内容証明郵便などによる催告は、時効の進行をとりあえず止める効力はありますが、6ヶ月以内に裁判上の請求、仮差押えなど、他の強力な手段を講じる必要があります</u> (旧法153条)。

たとえば、時効完成まであと3日しかない場合でも、内容証明郵便で催告をしておけば6ヶ月間は時効が完成しませんが、その間に前記のような強力な手段を講じないと、当初完成すべきであった時期に遡って時効が完成してしまいます。この場合、再度内容証明郵便で催告しても、さらに6ヶ月の猶予が与えられることはありません。

Step 5 回 収

② 差押え・仮差押え・仮処分

　差押え・仮差押え・仮処分については、自行の不動産競売申立てにともなう差押えも、時効中断の効力があります。しかし、他社が不動産競売申立てをして自行が債権届をしても、時効中断の効力はありませんので注意が必要です。

③ 承認

　承認は、債務者から「債務承認書」を受領する、債務者から文書で弁済猶予の申し出を受ける、債務の一部弁済を受ける、などがあります。

　なお、債務の一部弁済を受けた場合、延滞元本のみに弁済金を充当すると、発生済みの延滞利息については時効が中断しませんので、元本と利息それぞれに充当する必要があります。

37-5 住宅ローンでは、時効が問題となることは、通常考えられません。住宅ローンは、延滞が数ヶ月になると保証会社により代位弁済となり、保証会社はその後、すみやかに競売申立てをすることが普通だからです。

　実務上、時効が問題となるのは、たとえば、保証会社も団体信用生命保険もない融資で相続が発生し、相続人間のトラブルで何年も（債務や担保物件の）相続人が決まらないときなどです。

　この場合は、相続人全員の念書で従来の被相続人の口座から引落しを続けるか、相続人全員の債務承認書をとることが必要です。

37-6 時効の管理方法としては、たとえば1年以上の延滞先について

は、毎年同じ時期に残高確認書を送り、署名・捺印のうえ返送してもらい、これによって債務承認してもらうという方法などが良いでしょう。時効完成が近付いてから、突然、債務承認を依頼しても、債務者側は時効を意識して警戒しますので、早い時期から定期的に（自然に）時効の中断をしておくことが肝要です。

37-7 改正債権法においては、時効について前述部分についての概略は次のとおりになります。

① まず、消滅時効期間については、権利を行使できる時から10年、権利を行使できることを知った時から5年とされ（新法166条1項）、また、商法522条の商行為の時効については廃止されました。

銀行の融資取引については、「期限の到来」が「権利を行使できる時」となり、通常は銀行は認識して（知って）いますので、消滅時効期間は従来通り「5年」ということになります。

② 従来の、時効の「中断」という概念が、時効の「完成猶予」・時効の「更新」という二つの概念にわけて整理され、また、従来の、時効の「停止」も、時効の「完成猶予」として整理されました。

時効の**完成猶予**とは、完成猶予事由が発生した場合、（時効の進行自体は止まりませんが）時効の完成すべき時が到来しても所定の期間完成を猶予するものです。

時効の**更新**とは、更新事由が発生した場合、今までの時効期間の経過はなかったものとして、新たに（ゼロから）時効期間が進行するというものです（『一問一答民法（債権関係）改正』筒井

Step 5 回 収

健夫、松村秀樹　編著　商事法務　p44 参照)。

　具体的事由について見てゆくと、「裁判上の請求」(訴訟の提起) では、訴状が裁判所に提出された時に時効の完成猶予となり、確定判決により権利が確定したときに時効の更新となり、時効期間が新たに進行します (新法147条)。

　「催告」については、その時から6ヶ月を経過するまでは時効の完成猶予となります (新法150条)。

　「強制執行、担保権実行等」については、その事由が生じた場合、その時から、その事由の終了まで時効の完成猶予となり、終了時に時効の更新となり時効期間が新たに進行します。旧法の「差押」については、この「強制執行」に含まれます。

　「仮差押、仮処分」については、その事由が終了した時から6ヶ月を経過するまで時効の完成猶予となります (新法149条) が、更新の効力はありません (旧法では「中断事由」とされて、新法での「更新」の効力があるとされていました)。

　「承認」については、権利の承認があった時は時効の更新となり、時効期間が新たに進行します。

　その他、改正債権法では、新たに、時効の完成猶予事由として「協議を行う旨の合意」が規定されました。これは、問題とされている権利について協議を行う旨の合意が書面または電磁的記録によってなされた場合は、時効の完成が一定期間猶予されるというものです (新法151条)。

III ローン契約書（付、保証条項）

条文解説

　最後に、住宅ローンの金銭消費貸借契約書の主要な条項について解説します。

　なお、住宅ローン等のいわゆる消費者ローンの取引にあたっては、通常、銀行取引約定書は受理しませんので、同約定書の主要な内容が金銭消費貸借契約書に盛り込まれています。

　金銭消費貸借契約書の内容については、銀行の説明責任の観点からも十分に説明し顧客に納得していただくことが必要です。また、顧客からの個別の条項についての質問に的確に回答できることも必要で、条項のなかには行職員でも理解しづらいものもありますので、あらかじめよく学習しておくことが必要です。

　また、顧客の負担を要する事柄（費用負担、違約金等）や、義務を課したり、行為を制限したりする条項（○○日前に申し出る、○○をしてはいけない）については特に丁寧に説明することが必要です。

条文解説

　条文は、金融取引小六法（経済法令研究会）掲載の「消費者ローン契約書（参考例）」をベースにして、「保証」の条項等を追加し、解説をしました。

第1条（元利金返済額等の自動支払）

1. 借主は、元利金の返済のため、各返済日（返済日が休日の場合には、その日の翌営業日。以下同じ。）までに毎回の元利金返済額。以下同じ。）までに毎回の元利金返済額（半年ごと増額返済併用の場合には、増額返済日に増額返済額を毎月の返済額に加えた額。以下同じ。）相当額を返済用預金口座に預け入れておくものとします。

2. 銀行は、各返済日に普通預金・総合口座通帳、同払戻請求書または小切手によらず返済用預金口座から払い戻しのうえ、毎回の元利金の返済にあてます。ただし、返済用預金口座の残高が毎回の元利金返済額に満たない場合には、銀行はその一部の返済にあてる取扱いはせず、返済が遅延することになります。

3. 毎回の元利金返済額相当額の預け入れが各返済日より遅れた場合には、銀行は元利金返済額と損害金の合計額をもって前項と同様の取扱いができるものとします。

〈解説〉

1項

　返済日が休日の場合は翌営業日の返済となります。なお、「休日」は銀行法に定める「銀行の休日」で、日曜日、土曜日、祝日、国民の休日、12月31日～翌年の1月3日のことです。なお、民法上もこのような場合は「翌日」となります（民法142

条、最判平成11年3月11日)。

2項

　返済元利金の支払いは自動引落しの方法によることを定めていますが、特に、債務者によく説明すべきポイントは、後半（但し書き）部分の規定です。

　たとえば毎月返済が20万円で賞与月返済分が50万円（当月分20万円＋賞与月増額分30万円）の場合、<u>賞与月（1月7月とします）返済50万円全額の入金がない限り、たとえ49万円の入金があっても（毎月分の20万だけでも弁済に充当することはせず）、50万円の延滞となります</u>。また、7月の賞与月の入金が20万円しかなかった場合、8月分として約定どおりの20万円の入金があっても、7月賞与月分の50万円の返済がなされるまでは、8月分の20万円の弁済充当はなされず、7月、8月2ヶ月分70万円の延滞となることを債務者に理解していただく必要があります。

3項

　遅延損害金が発生している場合は、<u>この遅延損害金を含めた金額の入金がないと延滞となります</u>。

　なお、たとえば元利均等返済で毎月返済が20万円で、6月26日返済分内訳が元本5万円、利息10万円とすると、6月返済分が延滞となった場合、<u>元本5万円について6月27日から遅延損害金が発生します</u>。

第2条（繰り上げ返済）

1．借主が、この契約による債務を期限前に繰り上げて返済できる

条文解説

　　日は借入要項に定める毎月の返済日とし、この場合には繰り上げ
　　返済日の　　日前までに銀行へ通知するものとします。
2．繰り上げ返済により半年ごと増額返済部分の未払利息がある場
　　合には、繰り上げ返済日に支払うものとします。
3．借主が繰り上げ返済をする場合には、銀行店頭に示された所定
　　の手数料を支払うものとします。
4．一部繰り上げ返済をする場合には、前3項によるほか、下表の
　　とおり取り扱うものとします。

	毎月返済のみ	半年ごと総額返済併用
繰り上げ返済できる金額	繰り上げ返済日に続く月単位の返済元金の合計額	下記の①と②の合計額 ①　繰り上げ返済日に続く6ヶ月単位に取りまとめた毎月の返済元金 ②　その期間中の半年ごと増額返済元金
返済期日の繰り上げ	返済元金に応じて、以降の各返済日を繰り上げます。この場合にも、繰り上げ返済日に適応する利率は、借入要項記載どおりとし、変わらないものとします。	

〈解説〉

　繰り上げ返済をする場合は、手続が出来る日の制限がある場合があり（第1項）、一部繰り上げ返済の場合は、返済金額の制限がある（第4項）場合があります。また、一部繰り上げ返済の場合は返済後の残元本について、ア．毎月の返済金額を減額するか、イ．最終返済期日を繰り上げるかを選択していただく必要があります。

　繰り上げ返済手数料、違約金等がかかる場合は（第3項）、「所定の手数料」ということだけでは不十分で、その金額（算定式）を具体的に説明する必要があります。

第3条（担保）

1．担保価値の減少、借主または保証人の信用不安等の債権保全を必要とする相当の事由が生じた場合には、銀行からの請求により、借主は遅滞なくこの債権を保全しうる担保、保証人をたて、またはこれを追加、変更するものとします。
2．借主は、担保について現状を変更し、または第三者のために権利を設定しもしくは譲渡するときは、あらかじめ書面により銀行の承諾を得るものとします。銀行は、その変更等がなされても担保価値の減少等債権保全に支障を生ずるおそれがない場合には、これを承諾するものとします。
3．この契約による債務の期限の到来または期限の利益の喪失後、その債務の履行がない場合には、担保は、必ずしも法定の手続きによらず、一般に妥当と認められる方法、時期、価格等により銀行において取立または処分のうえ、その取得金から諸費用を差し引いた残額を法定の順序にかかわらず、この契約による債務の返済にあてることができるものとし、なお残債務がある場合には、借主は直ちに返済するものとします。また、この契約による債務の返済にあてた後、なお取得金に余剰の生じた場合には、銀行はこれを取立または処分前の当該担保の所有者に返還するものとします。
4．借主の差し入れた担保について、事変、災害、輸送途中のやむをえない事故等銀行の責めに帰すことのできない事情によって損害が生じた場合には、銀行は責任を負わないものとします。

条文解説

〈解説〉

1項

たとえば、担保不動産の価格が下がった場合に、銀行が請求すれば債務者は増担保や保証人の追加等を請求できることになっていますが、判例（東京高判平成19年1月30日）では、債権者が対象物件等を特定して請求すればそのとおり増担保が設定されるという権利（形成権）を債権者に与えたものではないとされています。また、債務者が応じない場合は「約定違反」として期限の利益喪失事由になります（4条2項②号）が、現実に期限の利益を喪失させて債権回収に入るには、債務者の信用状況等からも客観的にその（失期の）必要性があると判断される状況であることが必要と考えられます。

2項

本条項との関係でしばしば問題になる事象（例）としては、銀行に無断で債務者兼抵当権設定者（夫）が担保物件を妻に贈与してしまうケースです。通常、債務者（夫）に悪意（債権者を害する意図）はなく、生前贈与の税務上の特典の利用を意図したものや、離婚に伴う財産分与である場合が多いようです。

この場合にも、4条2項②号により失期させるかどうかは慎重な対応が必要です。実務的には、延滞がないのであれば、担保物件の第三取得者である妻が民法379条の「抵当権消滅請求」（→Q28）を行使しない旨の念書を差入れるかまたは妻を保証人とするのであれば銀行としては追認する場合が多いと思われます。

3項

「担保は必ずしも法定の手続によらず…できるものとし、」と

> あり、「法定の手続」とは、住宅ローンのように不動産担保（抵当権）の場合は、民事執行法（180条以下）による競売・収益執行となります。
>
> 　不動産担保（抵当権）の場合「法定の手続によらず〜できる」といっても債権者が一方的に担保物の処分・弁済充当をする訳にはいかず、抵当権設定者の同意を得て「任意売却」をすることになります。
>
> 　この条項が実質的に効力を発揮するのは、たとえば手形担保の場合で、この場合は民事執行法（190条）による競売でなく、銀行が期日に取立てをする方がはるかに簡便です。

第4条（期限前の全額返済義務）
1．借主について次の各号の事由が一つでも生じた場合には、借主はこの契約による債務全額について期限の利益を失い、借入要項記載の返済方法によらず、直ちにこの契約による債務全額を返済するものとします。
　① 借主が返済を遅延し、銀行から書面により督促しても、次の返済日までに元利金（損害金を含む）を返済しなかったとき。
　② 借主が住所変更の届出を怠るなど借主の責めに帰すべき事由によって銀行に借主の所在が不明となったとき。
2．次の各場合には、借主は、銀行からの請求によって、この契約による債務全額について期限の利益を失い、借入要項記載の返済方法によらず、直ちにこの契約による債務全額を返済するものとします。
　① 借主が銀行取引上の他の債務について期限の利益を失ったと

き。
② 借主が第3条第1項もしくは第2項または第8条の規定に違反したとき。
③ 借主が支払を停止したとき。
④ 借主が手形交換所の取引停止処分を受けたとき。
⑤ 担保の目的物について差押えまたは競売手続きの開始があったとき。
⑥ 前各号のほか、借主の信用状態に著しい変化が生じるなど元利金（損害金を含む）の返済ができなくなる相当の事由が生じたとき。

〈解説〉

第1項は「**当然失期**条項」、第2項は「**請求失期**条項」といいます（→ Q31）。当然失期の場合は、当該事項が生じたことをもって当然に（銀行が通知・催告等をしなくても）その時点で債務全額の期限が到来し、請求失期の場合は、当該事項が生じかつ銀行が通知（請求）すれば債務全額の期限が到来します。すなわち、銀行に裁量権があります。

したがって、逆に、請求失期をさせる権利の行使にあたっては権利濫用と言われないだけの理由が必要な場合があるということもいえます。

1項

①号

この条項は一見すると「1回でも延滞すると、（銀行から書面による督促があっても応じなければ）当然に期限の利益を失う」という非常に厳しい条項に見えます。ちなみに、銀

行取引約定書では、「私の債務の一部でも履行を延滞したとき」は請求失期条項となっています。

しかし、この条項の「銀行から書面による督促」は単なる督促状（たとえば、延滞発生の場合に事務センター等から自動的に発送される督促通知）ではなく、「○月○日（次の返済日）までに支払がない場合は失期させます」という内容の支払催告書（通常は内容証明郵便）を送付し、当該期日までに支払がなかった場合はその期日の経過によって（あらためて通知する必要なく）当然に失期するという意味と解されます（注）。

②号

「所在不明」の場合の当然失期の日は、銀行からの郵便物が転居先不明で郵送返戻となった日、届出の電話が使われていないことが判明した日等が考えられますが、失期日を明記（特定）して届出住所あて失期通知を出状しておくべきです（届かないことが解っているときでも、出状しておくことにより、11条2項の「みなし到達」（後述）の主張が出来ます）。なお、少なくとも延滞がない状況では、単に住所変更届の失念ということも考えられ現場の実務としては「所在不明」でも慎重に対応する必要があります。一方、延滞状況の場合は、長い期間（5年以上）放置する（強制回収に入らない）ことは避けて下さい。これは当然失期は銀行から通知がなくても「期限到来」ということですから、失期日の翌日から時効が進行しますので、後日債務者から時効を援用されるリスクがあるからです。

条文解説

〈追加〉

通常、次の場合も「当然失期」になるという条文があります。

「借主の預金その他、銀行に対する債権に差押または仮差押の命令、通知が発送されたとき」（銀行取引約定書等）

これは、預金に差押がかけられた場合、差押通知が第三債務者（銀行）に到達し差押の効力が生じる以前（差押通知が発送された段階）で貸金の期限を到来させて、相殺適状にして相殺するための条項です。なお、最判昭和45年6月24日ではこの条項の有効性を認めさらに、第三債務者（銀行）が債務者に対して反対債権を有していたときは、その債権が差押後に取得されたものでない限りその債権の弁済期を問わず、両者が相殺適状に達しさえすれば、第三債務者は差押後においても当該反対債権を自働債権として、被差押債権と相殺することができるとしています。

2項

①号

これはいわゆる「クロスデフォルト条項」といわれるもので、たとえば、住宅ローンについては延滞がなくてもカードローンについて失期となった場合は、当該債務者の信用情況が悪化しているとの判断で、住宅ローンについても失期させることができるということです。

この条項の適用にあたっては、住宅ローンについても返済が出来なくなる蓋然性が高いということについて、説明ができる必要があります。

②号

　この条項を適用して請求失期とするかどうかは、銀行の権利濫用と言われないように債権保全上の必要性等を慎重に検討する必要があります。

③号

　支払いの停止とは、弁済期にある支払債務を一般的かつ継続的に支払うことが出来ない旨を、明示または黙示の方法で外部に表示することで、債権者集会を開いて支払ができない旨を表明することや、次号の取引停止処分等がこれにあたります。破産手続開始の申立や民事再生手続開始の申立の場合もこれに該当するということになります。なお、個人民事再生の場合で住宅資金特別条項を適用するときは失期をさせません（➡ Q36）。また、銀行取引約定書では、「支払の停止、破産手続開始、民事再生手続開始、会社更生手続開始、もしくは特別清算開始の申立があったとき」および、次号の「手形交換所の取引停止処分」は当然失期条項となっています。

④号

　同じ手形交換所の地域内で、6ヶ月以内に2回の不渡りを出すと、交換所参加銀行との当座勘定取引、貸出取引が2年間停止され、これを取引停止処分といいます（東京手形交換所規則62条・65条）。

⑤号

　預金に差押が入った場合は、相殺適状にするため「当然失期」となっている約定が多いですが、（上記第1項〈追加〉➡ p158参照）、担保の目的物（不動産）への差押の場合は

条文解説

> その必要がないので「請求失期」としています。当該差押がなされたときは、銀行としては、債務者に差押債権者と交渉していただき、差押を取り下げることが出来るということであれば、失期を猶予することもありますが、当該差押が債務者の著しい信用悪化の徴候であるときは、失期させて回収に入ることになります。
>
> ⑥号
>
> この条項の適用にあたっては、<u>「返済ができなくなる相当の事由」</u>について、具体的に説明できる必要があります。
>
> 実務上よくある例としては、弁護士等からの「債務整理の受任通知」があります。この場合は基本的にこの条項に該当するものと判断して良いと思われますが、延滞がなく、通知書の中に破産手続等の開始申立準備中などの記載がない場合は、当該弁護士等に借主の状況を確認するべきでしょう。

（注）この条項はかつて全銀協の消費者ローン関係の契約書の雛形（参考例）として示されたものの条項で、そのまま使用している銀行も多いと思われます。当時の雛形作成経緯（意図）は不明ですが、現在、素直に文面解釈しようとすると、実務と乖離しており、上記のとおり一読してわかりにくいものになっています。

　実務上の延滞者に対する一般的対応は、延滞月数によって、1～3ヶ月程度は①「入金督促」、それを超えると②「支払催告（内容証明）」、②の所定の期限までに入金がない場合は、③「失期通知（請求失期）」（資料1参照）となります（②③を合わせて「支払催告書兼失期通知書」とする場合もあります）が、この「失期通知」の根拠条文としては、この4条1項①号では（そ

もそも「当然失期」条項ということもあり）しっくりしません。

　なお、法的には、民法上「債務不履行」（延滞）は契約解除（旧法541条・新法541条）、損害賠償（旧法415条・新法415条）の原因にはなりますが、「期限の利益の喪失」の原因にはなりません（民法137条）。したがって、個別の約定上で（失期事項として）合意する必要があります。

　したがって、銀行取引約定書にあわせて<u>「請求失期事項」に改正すべきと考えます</u>（銀行取引約定書では、請求失期事項の第1号に、「私が債務の一部でも履行を遅滞したとき」という条項が入っています）。具体的には、この4条1項①号は削除して、同2項（請求失期）に「借主が返済を延滞し、銀行から書面による督促があっても、元利金（損害金を含む）を返済しなかったとき」（例）という条項を加えるというような対応をすべきであると思います（既にこの趣旨の対応を済ませている銀行もあると思われます）。

　なお、このままの条文で対応するときの延滞の場合の<u>（請求）失期の根拠条文としては、「4条の約旨により」というような表現にするのが適当である</u>と考えます。

第5条（銀行からの相殺）

1．銀行は、この契約による債務のうち各返済日が到来したもの、または前条によって返済しなければならないこの契約による債務全額と、借主の銀行に対する預金その他の債権とを、その債権の期限のいかんにかかわらず相殺することができます。この場合、書面により通知するものとします。
2．前項によって相殺をする場合には、債権債務の利息および損害金の計算期間は相殺計算実行の日までとし、預金その他の債権の利率については、預金規定等の定めによります。ただし、期限未

条文解説

到来の預金等の利息は、期限前解約利率によらず約定利率により1年を365日とし、日割りで計算します。

〈解説〉

1項
銀行からの相殺の場合は、自働債権はローン債権（融資金）で、受働債権は預金等になります。また、この約定書では相殺の意思表示（通知）は書面で行うことを定めています（法的には「書面」は要件ではありません）。

2項
民法上は相殺の効力は相殺適状になった時に遡って生じます（民法506条2項）ので、利息や損害金の計算はその時までとなりますが（法定相殺）、ここでは(銀行の)相殺計算実行日までとしています（約定相殺）。なお、銀行は相殺適状になった時以降いつでも相殺が出来ますが、不必要に遅らせることは遅延損害金が多くなり不適切です。また、預金は「期限前解約」とはなりますが、約定利率（日割計算）によることを定めています。また、融資金は「期限前弁済（繰上げ返済）」となりますが、住宅ローンの場合は2条3項の手数料は請求せず、また、固定金利型であっても違約金は請求しないことが多いようです。これは、相殺が銀行からの一方的な行為である為の配慮と考えられます。

なお、事業者向けの一般融資では、相殺や担保実行による「弁済」の場合も期限前弁済違約金を支払う旨の約定があるケースがみられます。

(➡《基礎知識10》相殺とは)

第6条（借主からの相殺）
1. 借主は、この契約による債務と期限の到来している借主の銀行に対する預金その他の債権とを、この契約による債務の期限が未到来であっても、相殺することができます。
2. 前項によって相殺をする場合には、相殺計算を実行する日は借入要項に定める毎月の返済日とし、相殺できる金額、相殺に伴う手数料および相殺計算実行後の各返済日の繰り上げ等については第2条に準じるものとします。この場合、相殺計算を実行する日の〇〇日前までに銀行へ書面により相殺の通知をするものとし、預金その他の債権の証書、通帳は届出印を押印して直ちに銀行に提出するものとします。
3. 第1項によって相殺をする場合には、債権債務の利息および損害金の計算期間は相殺計算実行の日までとし、預金等の利率については、預金規定等の定めによります。

〈解説〉

1項

借主からの相殺（「**逆相殺**」と言われています）の場合は、自働債権は預金等で、受働債権はローン債務（融資金）になります。

ローン債務は、期限の利益は借主にありますので、期限未到来でも借主が期限の利益を放棄すれば弁済期を到来させられますが、預金は、期限の利益は銀行にあり、銀行は期限前解約に応じる義務はありませんので、「期限の到来している借主の銀行に対する預金その他の債権」という記載になっています。

したがって、借主から相殺する場合は、預金が満期になるのを待って行うことになります（銀行が相殺する場合は、5条によ

条文解説

り、ローン債務について期限未到来の場合でも銀行が失期させることによって期限を到来させることができますので、期日まで待つことなく相殺ができるようになっています）。

2項

相殺を実行する日・相殺できる金額について制限があること、繰上げ返済の手数料が必要なこと、事前に通知すること、証書・通帳（届出印を押印）を提出すること等が銀行が相殺する場合と異なります。

以上、本条による借主からの相殺は銀行が相殺する場合より借主に厳しい内容となっていますが、現実に借主から相殺する例はほとんどありません（銀行が破綻した場合等に考えられます）。

（➡《基礎知識９》期限の利益・失期）

第７条（債務の返済等にあてる順序）

1. 銀行から相殺をする場合に、この契約による債務のほかに銀行取引上の他の債務があるときは、銀行は債権保全上等の事由により、どの債務との相殺にあてるかを指定することができ、借主は、その指定に対して異議を述べないものとします。

2. 借主から返済または相殺をする場合に、この契約による債務のほかに銀行取引上の他の債務があるときは、借主はどの債務の返済または相殺にあてるかを指定することができます。なお、借主がどの債務の返済または相殺にあてるかを指定しなかったときは、銀行が指定することができ、借主はその指定に対して異議を述べないものとします。

3. 借主の債務のうち１つでも返済の遅延が生じている場合などに

おいて、前項の借主の指定により債権保全上支障が生じるおそれがあるときは、銀行は遅滞なく異議を述べ、担保・保証の状況等を考慮してどの債務の返済または相殺にあてるかを指定することができます。
4．第2項のなお書または第3項によって銀行が指定する借主の債務については、その期限が到来したものとします。

〈解説〉
　銀行に対して複数の債務がある場合の相殺で回収（弁済）する順序をだれが指定するかについて定めています。
　この定めがない場合は民法の規定（旧法488条・新法488条）によることになります。

第8条（代わり証書等の差し入れ）
　事変、災害等銀行の責めに帰すことのできない事情によって証書その他の書類が紛失、滅失または損傷した場合には、借主は、銀行の請求によって代り証書等を差し入れるものとします。

〈解説〉
　当然ながら、誤廃棄・紛失等銀行の過失による場合は適用されません。

第9条（印鑑照合）
　銀行が、この取引にかかる諸届その他の書類に使用された印影をこの契約書に押印の印影または返済用預金口座の届出印鑑と相当の注意をもって照合し、相違ないと認めて取り扱ったときは、それらの書類につき、偽造、変造その他の事故があっても、そのために生じた損害

条文解説

については、銀行は責任を負わないものとします。

> 〈解説〉
> 「相当の注意」とは、銀行がプロとして要求される（期待されている）レベルの注意です。

第10条（費用の負担）

次の各号に掲げる費用は、借主が負担するものとします。

① 抵当権の設定、抹消または変更の登記に関する費用。
② 担保物権の調査または取立もしくは処分に関する費用。
③ 借主または保証人に対する権利の行使または保全に関する費用。

> 〈解説〉
> 銀行の債権保全・債権回収に関する費用について、借主負担とすることを明記した条項です。よく説明して、了解していただく必要があります。

第11条（届出事項）

1．氏名、住所、印鑑、電話番号その他銀行に届け出た事項に変更があったときは、借主は直ちに銀行に書面で届け出るものとします。

2．借主が前項の届出を怠ったため、銀行が借主から最後に届出のあった氏名、住所にあてて通知または送付書類を発送した場合には、延着しまたは到達しなかったときでも通常到達すべき時に到達したものとします。

〈解説〉

2項

「みなし到達条項」といわれるものです（➡4条1項②号）。

なお、借主が転居はしていない（1項の届出を怠っている訳ではない）が、不在・受領拒否等で借主が郵便物を確認していないときは、「みなし到達」とはなりません。

しかし、判例（最判平成10年6月11日）は、内容証明郵便が留置期間の経過により差出人に還付された場合において、受取人が不在配達通知書の記載等で内容を充分に推知でき、また、郵便物の受け取り方法を指定することでさしたる労力もなく受け取りが可能であった場合は、遅くとも留置期間が満了した時点で受取人に到達したものと認められる　としています。

第12条（報告および調査）
1．借主は、銀行が債権保全上必要と認めて請求をした場合には、担保の状況ならびに借主および保証人の信用状態について直ちに報告し、また調査に必要な便益を提供するものとします。
2．借主は、担保の状況、または借主もしくは保証人の信用状態について重大な変化を生じたとき、または生じるおそれのあるときは、銀行に報告するものとします。

〈解説〉

1項は銀行が請求した場合、2項は借主が自ら認識した場合の報告義務を定めています。

条文解説

第13条（債権譲渡）
1．銀行は、将来この契約による債権を他の金融機関等に譲渡（以下本条においては信託を含む）することができます。
2．前項により債権が譲渡された場合、銀行は譲渡した債権に関し、譲受人（以下本条においては信託の受託者を含む。）の代理人になるものとします。借主は銀行に対して、従来どおり借入要項に定める方法によって毎回の元利金返済額を支払い、銀行はこれを譲受人に交付するものとします。

〈解説〉

1項
　旧法466条は、債権は当事者が反対の意思表示をしない限り譲渡できる旨規定していますが、本項では銀行がこのローン債権を他の金融機関等に譲渡できることを明記して当事者が反対の意思を表示していないことを確認しています（新法466条では、性質がこれを許さないとき以外は譲渡可としている）。

2項
　前項で債権譲渡がなされても、銀行（譲渡人）は譲受人の債権回収代理人になるので、借主は従前どおり銀行（譲渡人）に毎回の元利金返済額を支払えば良い旨規定しています。

第14条（個人信用情報センターへの登録）
1．借主は、この契約にもとづく借入金額、借入日、最終回返済日等の借入内容にかかる客観的事実について、借入契約期間中およびこの契約による債務を全額返済した日から5年間、銀行協会の運営する個人信用情報センターに登録され、同センターの加盟会

員ならびに同センターと提携する個人信用情報機関の加盟会員が自己の取引上の判断のために利用することに同意します。
2．借主は、次の各号の事実が発生したときは、その事実について、各号に定める期間、前項と同様に登録され、利用されることに同意します。
① この契約による債務の返済を遅延したときおよびその遅延分を返済したときは、遅延した日から5年間。
② この契約による債務について保証提携先、保険者など第三者から銀行が支払を受け、または相殺、もしくは担保権実行などの強制回収手続きにより銀行が回収したときは、その事実発生日から5年間。

〈解説〉

借主のこの契約に関する情報（借入申込内容、延滞情報、代位弁済・強制回収情報等）が、信用情報センターに登録されること、および登録された情報が信用情報センターの加盟会員の与信判断に利用されることについて、借主が同意するという内容です。

以上の他に、通常、次のような条文が入ります。

A．金利変動条項（変動金利）

標準金利（短期プライムレート、長期プライムレート等）の変動の都度ただちに借入金の金利も変動するのではなく、たとえば、「毎年4月1日および10月1日を基準日として、その日の標準金利と6ヶ月前の標準金利とを比較して、金利差がある場合はその差と同一幅で借入金利を変更するものとし、変更後の金利は各基準日の2ヶ月後の返済日の翌日以降適用する」。「適用金利が変動しても、元利均等返済

条文解説

の毎回の元利合計返済額は10月1日の基準日を5回経過するまでは変更せず、元利部分と利息部分の内訳を調整するものとする。5回経過したときは新しい毎回返済額を定めるが変更前の毎回返済額の1.25倍を越えないものとする」(注3)などの規定があります。複雑なので借入人に丁寧に説明することが必要です。

(注1) 当該6ヶ月間の途中の金利変動は考慮しない。

(注2) たとえば、4月26日が基準日とすると、6月26日の翌日から適用するので、(通常、住宅ローンの利息は後取りなので)7月26日返済分から新金利での支払となる。

(注3) 返済額の頻繁な変動や急激な増加を避ける趣旨。未払元本・未払利息がある場合は、通常、最終返済日に一括して返済することとしている。

B．団体信用生命保険

団体信用生命保険は、借主の同意のもと借主を被保険者として、銀行が保険契約者(兼保険金受取人)となって付保するものであり、何らかの理由で保険金の支払がなされなかったときでも借主は銀行に異議を述べることは出来ないこと等を規定しています。

C．反社会的勢力の排除

借主は暴力団員等に該当しないこと、借主は自らまたは第三者を利用して暴力的な要求行為等を行わないことを確約し、確約に反したことが判明し、借主との取引を継続することが不適切である場合は、請求失期事由となること等を規定しています。

D．成年後見人等の届出

補助・保佐・後見が開始された場合、任意後見監督人が選任された場合は、それぞれ成年後見人等の氏名等・任意後見人の氏名等を届出ること等を規定しています。

E．管轄裁判所の合意

銀行が原告の場合でも、被告（借入人）の住所地でなく、銀行の本店または銀行の支店の所在地を管轄する裁判所を管轄裁判所とする合意を規定しています。

F．保証条項

保証人との保証契約には、通常、定型文言として次のような条項が入ります。

この中で特に③④については解りづらく、<u>お客様から質問があると、回答に窮する条項</u>です。

① 保証人は、借主がこの契約によって負担する一切の債務について、借主と連帯して保証債務を負担し、その履行については、この契約に従います。

〈解説〉
連帯保証人となる旨の合意です。

② 保証人は、銀行がその都合によって担保もしくは他の保証を変更、解除しても免責を主張しません。

〈解説〉
債権者の「担保保存義務」を「免除」する条項です（→Q21）。

③ 保証人は、借主の銀行に対する預金その他の債権をもって相殺は行わないものとする。

〈解説〉
保証人の保証債務は保証人と銀行との関係であり、借主の預金は借主と銀行との関係なので、通常、相殺はできませんが（《基

条文解説

礎知識10》相殺とは)、旧法457条2項で、「保証人は、主たる債務者（この場合は借入人）の債権（この場合は銀行に対する債権＝借入人の預金）をもって債権者（この場合は銀行）に対抗することができる」との明文規定があるので（新法457条2項・3項）、銀行としてはこの抗弁を封じて、保証人自身の資産からの回収を図るための規定です。

④　保証人が保証債務を履行した場合、代位によって銀行から取得した権利は、借主が銀行との取引継続中は、銀行の同意がなければこれを行使しません。

　もし、銀行の請求があれば、その権利または順位を銀行に無償で譲渡します。

〈解説〉
　保証人が保証債務を履行する（＝主債務者に代位して弁済する）と、債権の効力および担保として債権者が有していた一切の権利を行使することができますが（旧法501条、新法501条1項）、一部の代位弁済（保証履行）の場合は、代位弁済した価格に応じて債権者とともにその権利を行使することになります（旧法502条1項、新法502条1項）。すなわち、保証人が保証債務を全額履行した場合は、債権者が有していた全部の権利が保証人に移転し、債権者は離脱するので問題ないですが、たとえば半分履行した場合は、担保権は債権者（銀行）と保証人で半分ずつの権利を持つことになり、ばらばらに抵当権を実行することも可能になります。

この状態では債権回収に支障をきたしますので、この規定によって一部代位弁済の場合でも銀行が主導で債務者に対する権利行使ができるようにしています。
　したがって、この規定は保証人が一部のみ保証履行をした場合に有用な規定です（もっとも、保証人が保証債務の一部のみ履行するということは、実際にはほとんどありません）。

資料1　失期通知

通知書

　当行は、貴殿に対し平成　年　月　日付金銭消費貸借契約証書（以下「金銭消費貸借契約書」という）に基づき、融資をおこなっていますが、再三の督促にかかわらず平成　年　月　日以降約定に基づくご返済がございません。(1)

　つきましては、金銭消費貸借契約書第○条○項○号に基づき、平成　年　月　日をもって、貴殿への下記貸付金の全額につき弁済期を到来させますので、全額直ちにお支払いください。(2)

　なお、当行は上記弁済期日において、貴殿と□□信用保証株式会社との間の保証委託契約に基づき、同社に対し保証履行請求をおこなう予定であり、同日以降は貴殿に対する債権は□□信用保証株式会社に移転しますので、その旨申し添えます。

貸付金債権の表示

1．金○，○○○，○○○円也
　　但し、平成　年　月　日付金銭消費貸借契約証書に基づく貸付金元本残高。

2．金○○○，○○○円也
　　但し、上記1の貸付金に対する平成　年　月　日から平成　年　月　日までの年　％の割合による利息金。

以上

平成　年　月　日

　　　　　　　　　　　　　　　　　　＜発信人＞
　　　　　　　　　　　　　　　　　　＊＊県＊＊＊市＊＊＊＊＊＊＊＊＊
　　　　　　　　　　　　　　　　　　　　株式会社＊＊銀行○○支店
　　　　　　　　　　　　　　　　　　　　　　支店長　＊＊　＊＊

＜受信人＞
　＊＊県＊＊＊市＊＊＊＊＊＊＊＊＊
　　＊＊　＊＊　殿

（注1）この失期通知は「請求失期」の場合。
　「当然失期」の場合は、たとえば「平成　年　月　日破産申立てに伴い、金銭消費貸借契約書第○条○項○号に基づき、同日をもって期限の利益が失われましたので……」とする。
（注2）（請求失期の場合）この通知の到達予定日以降の日付（通常は発信日から2～3日後）とする。

資料2 相殺通知書

相殺通知書

　当行は、貴殿との間の平成　年　月　日付金銭消費貸借契約証書第○条第○項に基づき、貴殿に対し有する下記1記載の債権と貴殿の当行に対して有する下記2記載の債権とを、本日対当額をもって相殺致しましたので、その旨ご通知いたします。

記

1．自働債権の表示
（ローンの元本・利息・損害金を表示する）

2．受働債権の表示
（相殺対象預金を表示する）

　なお、本相殺後の当行の貴殿に対して有する債権の残額は、貸付金残元金○○円、利息金○○円、残元金に対する本日相殺日の翌日以降完済に至るまでの年14％の割合による損害金となりますので申し添えます。
（この相殺により預金の証書・通帳等は無効となりますので、当行あてご返却願います）

以上

平成　年　月　日

（発信人欄、受信人欄　省略）

資料3-1 登記簿見本（土地）　　←の中の数字は、本文破線部の数字に対応。

○○県○○市○○町3丁目203

全部事項証明書　（土地）

【表題部】（土地の表示）				調製　平成13年2月7日	地図番号　余白
【所在】	○○市○○町三丁目			余白	
【①地番】	【②地目】	【③　地　積】	㎡	【原因及びその目的】	【登記の日付】
682番10	宅地	253	09	余白	余白
203番	宅地	219	11	昭和51年10月13日土地区画整理法による換地処分	昭和51年10月13日
余白	余白	余白		余白	昭和63年法務省令第37号附則第2条第2項の規定により移記　平成13年2月7日

【甲区】（所有権に関する事項）

【順位番号】	【登記の目的】	【受付年月日・受付番号】	【原　　因】	【権利者その他の事項】
1	所有権移転	昭和44年11月20日第42752号	昭和44年11月20日売買	所有者　○○市○○町三丁目○○号　○○○○ 順位8番の登記を移記
	余白	余白	余白	昭和63年法務省令第37号附則第2条第2項の規定により移記　平成13年2月7日
2	差押	平成15年4月25日第10562号	平成15年4月24日○○地方裁判所競売開始決定	申立人　東京都○○区○○○一丁目2番1号　○○○○銀行株式会社
3	差押	平成15年6月4日	平成15年6月4日差押	債権者　○○市

整理番号　D80281　（1/3）　1/3

＊下線のあるものは抹消事項であることを示す。

○○県○○市○○町3丁目203

全部事項証明書　（土地）

【順位番号】	【登記の目的】	【受付年月日・受付番号】	【原　　因】	【権利者その他の事項】
		第14127号		

【乙区】（所有権以外の権利に関する事項）

【順位番号】	【登記の目的】	【受付年月日・受付番号】	【原　　因】	【権利者その他の事項】
1	根抵当権設定	平成1年3月3日第8047号	平成1年3月3日設定	極度額　金6,600万円 債権の範囲　銀行取引　手形債権　小切手債権 債務者　○○市○○町三丁目○番○○号　○○○○ 根抵当権者　東京都○○区○○○一丁目2番1号　○○○○銀行株式会社 （取扱店）○○支店 共同担保　目録(さ)第3898号 順位49番の登記を移記
2	根抵当権設定	平成4年2月21日第6769号	平成4年2月21日設定	極度額　金2,000万円 債権の範囲　信用組合取引　手形債権　小切手債権 債務者　○○市○○町三丁目○番○○号　○○○○ 根抵当権者　○○市○○町二丁目○番○○号　○○○○信用組合 共同担保　目録(す)第693号 順位51番の登記を移記
3	根抵当権設定	平成7年6月20日第20884号	平成7年6月20日設定	極度額　金7,800万円 債権の範囲　消費貸借取引　当座貸越取引　保証取引　証書貸付取引　手形割引取引　手形債権　小切手債権 債務者　○○県○○郡○○町○○○○番地　○○○○

＊下線のあるものは抹消事項であることを示す。

整理番号　D80281　（1/3）　2/3

○○県○○市○○町3丁目203　　　　　　　　　　　全部事項証明書　　（土地）

【順位番号】	【登記の目的】	【受付年月日・受付番号】	【原　　因】	【権利者その他の事項】
				○　○　○　○ 根抵当権者　○○市○○○○○○○○○番地○ 　　　　　　○○○信用農業協同組合連合会 共同担保　目録(そ)第588号 順位52番の登記を移記
	余　白	余　白	余　白	昭和63年法務省令第37号附則第2条第2項の規定により移記 平成13年2月7日
<u>4</u>	3番根抵当権抹消予告登記	平成13年7月9日 第17506号	平成13年7月2日○○地方裁判所へ訴提起	余　白
5	4番予告登記抹消	平成14年12月4日 第30557号	平成14年11月21日和解成立	余　白

これは登記簿に記録されている事項の全部を証明した書面である。
　平成19年10月30日
　○○地方法務局　　　　　　　　　　登記官

＊下線のあるものは抹消事項であることを示す。

整理番号　D80281　（1/3）

資料3-2　登記簿見本（建物）　　←の中の数字は、本文破線部の数字に対応。

○○県○○市○○町3丁目204　　　　　　　　　　　　全部事項証明書　　　（建物）

【　表　題　部　】⑩（主たる建物の表示）		調製　平成13年2月7日	所在図番号	余　白
【所　在】	○○市○○町三丁目　204番地、203番地		余　白	
【家屋番号】	204番		余　白	
【①種類】	【②構造】	【③床面積】㎡	【原因及びその日付】	【登記の日付】
診療所 事務所 居宅	鉄筋コンクリート造陸屋根4階建	1階　241　91 2階　288　08 3階　288　08 4階　　70　94	昭和45年10月19日新築	余　白
余　白	余　白	余　白	余　白	昭和63年法務省令第37号附則第2条第2項の規定により移記 平成13年2月7日

【　甲　区　】（所有権に関する事項）				
【順位番号】	【登記の目的】	【受付年月日・受付番号】	【原　　因】	【権利者その他の事項】
1	所有権保存	昭和46年12月15日 第51972号	余　白	所有者　○○市○○町三丁目○○号 順位1番の登記を移記
	余　白	余　白	余　白	昭和63年法務省令第37号附則第2条第2項の規定により移記 平成13年2月7日
2	差押	平成15年4月25日 第10562号	平成15年4月24日○○地方裁判所競売開始決定	申立人　東京都○○区○○○一丁目2番1号 ○○○○○銀行株式会社

＊下線のあるものは抹消事項であることを示す。

整理番号　D80281　（3/3）　1/3

○○県○○市○○町3丁目204　　　　　　　　　　　　全部事項証明書　　　（建物）

【順位番号】	【登記の目的】	【受付年月日・受付番号】	【原　　因】	【権利者その他の事項】
3	差押	平成15年6月4日 第14127号	平成15年6月4日差押	債務者　○○市

【　乙　区　】（所有権以外の権利に関する事項）				
【順位番号】	【登記の目的】	【受付年月日・受付番号】	【原　　因】	【権利者その他の事項】
1	根抵当権設定	平成1年3月3日 第8047号	平成1年3月3日設定	極度額　金6,600万円 債権の範囲　銀行取引　手形債権　小切手債権 債務者　○○市○○町三丁目○番○○号 根抵当権者　東京都○○区○○○一丁目2番1号 ○○○○○銀行株式会社 　　　　（取扱店）○○支店 共同担保　目録(き)第3898号 順位14番の登記を移記
2	根抵当権設定	平成4年2月21日 第6769号	平成4年2月21日設定	極度額　金2,000万円 債権の範囲　信用組合取引　手形債権　小切手債権 債務者　○○市○○町三丁目○番○○号 ○○○○ 根抵当権者　○○市○○町二丁目○番○○号 ○○○○○信用組合 共同担保　目録(す)第693号 順位16番の登記を移記
3	根抵当権設定	平成7年6月20日 第20884号	平成7年6月20日設定	極度額　金7,800万円 債権の範囲　消費貸借取引　当座貸越取引　保証委託取引　手形割引取引　手形債権　小切手債権

＊下線のあるものは抹消事項であることを示す。

整理番号　D80281　（3/3）　2/3

○○県○○市○○町3丁目204　　　　　　　　　　全部事項証明書　　　　（建物）

【順位番号】	【登記の目的】	【受付年月日・受付番号】	【原　　因】	【権利者その他の事項】
				債務者　○○県○○郡○○町○○○○○番地○ 根抵当権者　○○市○○○○○○○○番地○ 　　○○○信用農業協同組合連合会 共同担保　目録(そ)第588号 順位17番の登記を移記
	余　白	余　白	余　白	昭和63年法務省令第37号附則第2条第2項の規定により移記 平成13年2月7日
4	3番根抵当権抹消予告登記	平成13年7月9日 第17506号	平成13年7月2日○○地方裁判所へ訴提起	余　白
5	4番予告登記抹消	平成14年12月4日 第30557号	平成14年11月21日和解成立	余　白

これは登記簿に記録されている事項の全部を証明した書面である。
　平成19年10月30日
　○○地方法務局　　　　　　　　　登記官

＊下線のあるものは抹消事項であることを示す。

○　○　○　公印

整理番号　D80281　（3/3）　　　3/3

資料3-3 登記簿見本（マンション）　⇐の中の数字は、本文破線部の数字に対応。

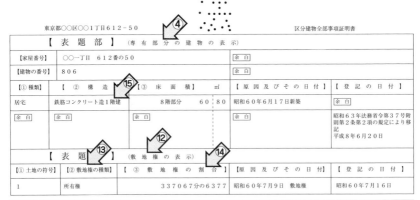

【乙　　区】	(所有権以外の権利に関する事項)			
【順位番号】	【登記の目的】	【受付年月日・受付番号】	【原　因】	【権利者その他の事項】
1	根抵当権設定	平成4年10月11日 第16631号	平成4年10月8日設定	極度額　金１，０００万円 債権の範囲　信用金庫取引　手形債権　小切手債権 債務者　○○市○○町２０番地の○ 　　　　○　○　観　光　株　式　会　社 根抵当権者　○○市○○一丁目○番１号 　　　　○　○　○　信　用　金　庫 共同担保　目録(は)第９８８号 順位３番の登記を移記
2	根抵当権設定	平成9年1月24日 第1875号	平成9年1月23日設定	極度額　金１，５００万円 債権の範囲　商品売買取引 債務者　○○市○○町２０番の○ 　　　　○　○　観　光　株　式　会　社 根抵当権者　○○市○○町○番地の１０ 　　　　有　限　会　社　○　○　○　○ 共同担保　目録(は)第１２３号
3	根抵当権設定	平成11年2月20日 第2413号	平成11年2月20日設定	極度額　金４００万円 債権の範囲　消費貸借取引　証書貸付取引　手形貸付取引　手形割引取引　保証取引　立替払委託取引　手形債権　小切手債権 債務者　○○市○○町２０番地の○ 　　　　○　○　観　光　株　式　会　社 根抵当権者　○○市○○三丁目○番２号 　　　　○　○　○　○　○ 共同担保　目録(み)第３４５号
付記１号	３番根抵当権変更	平成11年5月18日 第7581号	平成11年5月18日設定	極度額　金６００万円

資料4 確認書（代筆）

平成　年　月　日

確　認　書

委任者（甲）　　ここだけは甲の自筆　　　㊞

受任者（乙）　　　　　　　　　　　　　　㊞

　（甲）は署名を行うことが困難であるため、下記の書類につきその内容を理解・承認のうえ、長男である（乙）に代筆を依頼します。

記

　所在地番　〇〇県〇〇市〇〇町3丁目1－10 上に建築するアパートに関する借入、抵当権設定等に関する次の書類の署名、記入。

1．平成　年　月　日付（予定）金銭消費貸借契約証書（金額　　万円）
2．平成　年　月　日付（予定）抵当権設定契約証書
3．
4．

以上

　　上記1～4につき（乙）が（甲）の意思に基づき、
　　代筆したことを確認します。

　　　立会人（住所・氏名）

　　　立会場所

資料5-1 （仮）差押債権目録

（仮）差押債権目録

金　　　　円

　ただし、債務者が第三債務者（○○支店扱い）に対して有する下記預金債権のうち、下記に記載する順序に従い、頭書金額に満つるまで。

記

1．差押えのない預金と差押えのある預金があるときは、次の順序による。
　(1)　先行の差押え、仮差押えのないもの
　(2)　先行の差押え、仮差押えのあるもの

2．円貨建預金と外貨建預金があるときは、次の順序による。
　(1)　円貨建預金
　(2)　外貨建預金
　　　（（仮）差押命令が、第三債務者に送達された時点における第三債務者の電信買相場により換算した金額（外貨）。
　　　　ただし、先物為替予約がある場合には、原則として予約された相場により換算する。）

3．数種の預金があるときは、次の順序による。
　(1)　定期預金
　(2)　定期積金
　(3)　通知預金
　(4)　貯蓄預金
　(5)　納税準備預金
　(6)　普通預金
　(7)　別段預金
　(8)　当座預金

4．同種の預金が数口あるときは、口座番号の若い順序による。
　　なお、口座番号が同一の預金が数口あるときは、預金に付せられた番号の若い順序による。

資料5-2 陳 述 書

平成 年 （ ） 第 号

陳 述 書

平成 年 月 日

○○地方裁判所民事第○部 御中
　　　　　第三債務者
下記のとおり陳述します。

1	差押えに係る債権の存否	あ る　　な い		
2	差押債権の種類及び額 （金銭債権以外の債権は、その内容）			
3	弁済の意思の有無	あ る　　な い		
4	弁済する範囲又は弁済しない理由			
5	差押債権について、差押債権者に優先する権利を有する者（例えば、質権者）がある場合の記入欄	優先権利者の住所、氏名		
		その権利の種類及び優先する範囲（金額）		
6	他の差押（滞納処分又はその例による差押えを含む。） 仮差押 仮処分	執行裁判所等事件番号	債権者の住所、氏名	差押等の送達年月日	差押等の執行された範囲（金額）
				平成　．　．	
				．　．	

（注）
(1) 1の欄で「ある」と陳述したときだけ2以下の欄を記入してください。
(2) 2については、現存債権について記入するもので、命令正本記載の債権をそのまま記入するものではありません。
(3) 5及び6の欄には、すでに取下げ又は取消しのあったものについては記入する必要はありません。
(4) この陳述書に記入しきれないときは、適宜の用紙を使用して横書きで記載してください。

資料6 住宅資金特別条項を定められる要件チェックリスト

債務者名 _____
ローン名 _____
ローンNo. _____

チェック項目	○
●「住宅」の要件	
① 個人債務者が所有する建物であること（共有でも可）	
② 当該個人債務者が自己の居住の用に供する建物であること。賃貸アパート・店舗・工場等事業用の建物は不可（ただし、床面積の2分の1以上がもっぱら自己の居住の用に供されるものであれば可） 　また、単身赴任等で家族のみが居住している場合や、転勤等で一時的に他人に賃貸している場合は可	
●「住宅資金貸付債権」の要件	
③ 資金使途が、住宅の建築・購入（当該住宅の敷地・借地権の購入も含む）・改良のためのものであること	
④ 分割払いの定めがあること	
⑤ 抵当権の設定があること（被担保債権は当該債権または保証会社等の求償権）	
●その他の要件	
⑥ 住宅ローン関係の抵当権以外の担保権が、当該住宅（敷地・建物）に設定されていないこと 　根抵当権の場合、当該住宅ローン以外に被担保債権がなく、今後（再生計画遂行中）も発生させないこと（確定させることが望ましい）	
⑦ 当該住宅に差押え・仮差押えがなされていないこと 　（なされている場合は、本部と協議のこと）	
⑧ 住宅ローン関係の抵当権が当該住宅以外の不動産も共同担保として設定されている場合で、当該不動産に当該抵当権よりも後順位の担保権が設定されていないこと	
⑨ その他、債務者が、住宅の所有権またはその敷地の使用権を失うことと見込まれるような事情がないこと	
⑩ 当該住宅に関わる住宅ローンが複数ある場合は、そのすべてについて住宅資金特別条項を定めること（民事再生法196条参照）	

（民事再生法196条参照）

検　印	担　当

資料7 個人民事再生手続（住宅資金貸付債権）相談シート

債務者名 _____
ローン名 _____
ローンNo. _____

項　目	内　容（提出依頼資料）	コメント
１．債務者の収入の明細・債務の全容の把握	① 収入の明細（源泉徴収票、納税証明書、確定申告書等） ② 債務の全容のわかる資料（各債務の返済予定表、返済口座の通帳等）	●全債務の年間返済額の手取り年収に占める割合　　　％ ●延滞の状況
２．当行住宅ローン以外の債務の返済見通しのヒアリング	① 今後の収入の見通し ② 他の債務はどのように整理する予定か	
３．当行住宅ローンの弁済可能額の算出	当行住宅ローンの返済に年間いくらの金額を充てることが可能か	
４．リスケジュール案の作成（支援） ⓐ期限の利益回復型 ⓑ本格的リスケジュール型 ⓒ元本猶予期間併用型	① ⓐ〜ⓒどのレベルのリスケジュール案なら履行可能か。さらに、ⓐ〜ⓒの枠組みを超えた案（ⓓ）について当行として同意できるか（稟議事項）検討 ② 「住宅資金特別条項(案)」作成（全銀協の参考例あり）	
◎その他、債務者に対して「助言」した内容		

検　印	担　当

資料8 アパートローン　厳格化　チェックシート（例）

項　目	チェック項目	チェック結果	評価[注1]
1．物　件			
①現地調査[注2]	ⓐ地域特性（ターゲット）：ファミリータイプ向、単身向		
	ⓑ地域特性（仕様）：ハイグレード、標準、廉価　等		
	ⓒ駐車場の必要性、台数		
	ⓓ競合物件の有無		
	ⓔ駅から徒歩圏、バス（分）		
	ⓕ賃料相場（上記ⓐ～ⓔ考慮）		
	ⓖ基礎知識12「現地調査のポイント」の各項目		
②アパート規模	戸数が少なすぎないか[注3]。		
2．収支、返済（能力）			
①借入金額	ⓐ新築（自己所有地）の場合。請負工事契約金額の80％（自己資金は20％）目途。		
	ⓑ中古（土地代含）の場合は売買契約の50％程度[注4]。		
②事業収支[注5]	ⓐ収入：空室率を見込む[注6]		
	ⓑ同：自己（家族）用は除く		
	ⓒ支出：維持管理・大規模修繕費、税、登記費用等見込む		
	ⓓ債務者の生活費は確保されているか[注7]。		
	ⓔ賃貸事業収支表に次のものを織り込んでいるか。 ・上昇リスク対応した金利。 ・経年劣化に伴う賃料の逓減 ・融資期間（年限）に対応。		
③返済確保	テナント賃料の自行口座（返済口座）への振込指定。		
3．担保、保証人	ⓐ借地の場合、「地主の確認書」は地主と銀行が面談のうえ受理できるか（Q15参照）。		

		ⓑ検査済証の受理（設計変更の場合の適法性）。		
		ⓒ計画道路や、法定地上権の問題（Q5参照）はないか。		
		ⓓ建物は特異な仕様ではないか（流通性）。		
		ⓔ保証人の選定は適切か（Q18参照）		
4．事後管理		ⓐ毎年、確定申告書（写）を入手し、状況を確認できる約定になっているか。		
		ⓑ支店から遠隔地の物件でなく、年に一度程度は現況確認が可能か。		
5．その他		ⓐ建設会社の信用リスク（完工能力）(注8)		
		ⓑサブリース会社の信用状況、体力（賃料保証）(注8)		
		ⓒ相続紛争リスク（後継者は決まっているか）(注9)		
		ⓓ債務者が会社経営者の場合、事業資金への流用リスク(注10)		

（注1）評価は、計画案件について、○△×等　各行の基準で行います。
　　　　最終判定の基準も各行で基準（Ex.×が3個以上あれば不可等）を設定します。
（注2）賃貸情報誌、ネット情報等を参考に、地元不動産屋にヒアリングを行います。
（注3）少ないと空室が出た場合の影響が大きくなります。
（注4）自己資金が40～50％以上ないと、賃貸事業収支が合わないと思われます。
（注5）賃貸事業収支シュミレーション表でチェック：自行にソフトがない場合は、ハウスメーカー（建設会社）のものを顧客から入手し、検証します（ハウスメーカーは、セールスツールとして顧客に提供していることが多いです）。
（注6）地域・総戸数にもよりますが、10～20％程度を見込みます。中古の場合は過去3年程度の平均実績で検討します。
（注7）オーナー（債務者）のアパート以外の収入状況（給与収入等）を確認します。生活費も当該アパートの収入に依存する状況であれば、賃貸事業収支表に「生活費」を織り込みます。逆に、余裕があればアパート収入が不振のときの補てん財源（返済原資）となります。
（注8）財務諸表等を入手し、行内の信用格付けツール等でチェックします。
（注9）後継者を連帯保証人とするよう依頼します（なお、Q18参照）。
（注10）振込指定確保（上記2．③）、当該口座の動きを注視します。

民法の主要条文

民　法

第5条（未成年者の法律行為）①未成年者が法律行為をするには、その法定代理人の同意を得なければならない。ただし、単に権利を得、又は義務を免れる法律行為については、この限りでない。
②前項の規定に反する法律行為は、取り消すことができる。
③第1項の規定にかかわらず、法定代理人が目的を定めて処分を許した財産は、その目的の範囲内において、未成年者が自由に処分することができる。目的を定めないで処分を許した財産を処分するときも、同様とする。

第8条（成年被後見人及び成年後見人）後見開始の審判を受けた者は、成年被後見人とし、これに成年後見人を付する。

第9条（成年被後見人の法律行為）成年被後見人の法律行為は、取り消すことができる。ただし、日用品の購入その他日常生活に関する行為については、この限りでない。

第10条（後見開始の審判の取消し）第7条に規定する原因が消滅したときは、家庭裁判所は、本人、配偶者、四親等内の親族、後見人（未成年後見人及び成年後見人をいう。以下同じ。）、後見監督人（未成年後見監督人及び成年後見監督人をいう。以下同じ。）又は検察官の請求により、後見開始の審判を取り消さなければならない。

第11条（保佐開始の審判）精神上の障害により事理を弁識する能力が著しく不十分である者については、家庭裁判所は、本人、配偶者、四親等内の親族、後見人、後見監督人、補助人、補助監督人又は検察官の請求により、保佐開始の審判をすることができる。ただし、第7条に規定する原因がある者については、この限りでない。

第12条（被保佐人及び保佐人）保佐開始の審判を受けた者は、被保佐人とし、これに保佐人を付する。

第13条（保佐人の同意を要する行為等）①被保佐人が次に掲げる行為をするには、その保佐人の同意を得なければならない。ただし、第9条ただし書に規定する行為については、この限りでない。
　一　元本を領収し、又は利用すること。
　二　借財又は保証をすること。
　三　不動産その他重要な財産に関する権利の得喪を目的とする行為をすること。
　四　訴訟行為をすること。
　五　贈与、和解又は仲裁合意（仲裁法（平成15年法律第138号）第2条第1項に規定する仲裁合意をいう。）をすること。
　六　相続の承認若しくは放棄又は遺産の分割をすること。
　七　贈与の申込みを拒絶し、遺贈を放棄し、負担付贈与の申込みを承諾し、又は負担付遺贈を承認すること。
　八　新築、改築、増築又は大修繕をすること。
　九　第602条に定める期間を超える賃貸借をすること。
②家庭裁判所は、第11条本文に規定する者又は保佐人若しくは保佐監督人の請求により、被保佐人が前項各号に掲げる行為以外の行為をする場合であってもその保佐人の同意を得なければならない旨の審判をすることができる。ただし、第9条ただし書に規定する行為については、この限りでない。
③保佐人の同意を得なければならない行為について、保佐人が被保佐人の利益を害するおそれがないにもかかわらず同意をしないとき

は、家庭裁判所は、被保佐人の請求により、保佐人の同意に代わる許可を与えることができる。
④保佐人の同意を得なければならない行為であって、その同意又はこれに代わる許可を得ないでしたものは、取り消すことができる。

第14条（保佐開始の審判等の取消し）　①第11条本文に規定する原因が消滅したときは、家庭裁判所は、本人、配偶者、四親等内の親族、未成年後見人、未成年後見監督人、保佐人、保佐監督人又は検察官の請求により、保佐開始の審判を取り消さなければならない。
②家庭裁判所は、前項に規定する者の請求により、前条第2項の審判の全部又は一部を取り消すことができる。

第15条（補助開始の審判）　①精神上の障害により事理を弁識する能力が不十分である者については、家庭裁判所は、本人、配偶者、四親等内の親族、後見人、後見監督人、保佐人、保佐監督人又は検察官の請求により、補助開始の審判をすることができる。ただし、第7条又は第11条本文に規定する原因がある者については、この限りでない。
②本人以外の者の請求により補助開始の審判をするには、本人の同意がなければならない。
③補助開始の審判は、第17条第1項の審判又は第876条の9第1項の審判とともにしなければならない。

第16条（被補助人及び補助人）　補助開始の審判を受けた者は、被補助人とし、これに補助人を付する。

第17条（補助人の同意を要する旨の審判等）
①家庭裁判所は、第15条第1項本文に規定する者又は補助人若しくは補助監督人の請求により、被補助人が特定の法律行為をするにはその補助人の同意を得なければならない旨の審判をすることができる。その審判によりその同意を得なければならないものとすることができる行為は、第13条第1項に規定する行為の一部に限る。
②本人以外の者の請求により前項の審判をするには、本人の同意がなければならない。
③補助人の同意を得なければならない行為について、補助人が被補助人の利益を害するおそれがないにもかかわらず同意をしないときは、家庭裁判所は、被補助人の請求により、補助人の同意に代わる許可を与えることができる。
④補助人の同意を得なければならない行為であって、その同意又はこれに代わる許可を得ないでしたものは、取り消すことができる。

第18条（補助開始の審判等の取消し）　①第15条第1項本文に規定する原因が消滅したときは、家庭裁判所は、本人、配偶者、四親等内の親族、未成年後見人、未成年後見監督人、補助人、補助監督人又は検察官の請求により、補助開始の審判を取り消さなければならない。
②家庭裁判所は、前項に規定する者の請求により、前条第1項の審判の全部又は一部を取り消すことができる。
③前条第1項の審判及び第876条の9第1項の審判をすべて取り消す場合には、家庭裁判所は、補助開始の審判を取り消さなければならない。

第19条（審判相互の関係）　①後見開始の審判をする場合において、本人が被保佐人又は被補助人であるときは、家庭裁判所は、その本人に係る保佐開始又は補助開始の審判を取り消さなければならない。
②前項の規定は、保佐開始の審判をする場合において本人が成年被後見人若しくは被補助人であるとき、又は補助開始の審判をする場合において本人が成年被後見人若しくは被保佐人であるときについて準用する。

第94条（虚偽表示）　①相手方と通じてした虚偽の意思表示は、無効とする。
②前項の規定による意思表示の無効は、善意

の第三者に対抗することができない。

第 97 条（隔地者に対する意思表示）①隔地者に対する意思表示は、その通知が相手方に到達した時からその効力を生ずる。
②隔地者に対する意思表示は、表意者が通知を発した後に死亡し、又は行為能力を喪失したときであっても、そのためにその効力を妨げられない。

第 136 条（期限の利益及び放棄）①期限は、債務者の利益のために定めたものと推定する。
②期限の利益は、放棄することができる。ただし、これによって相手方の利益を害することはできない。

第 137 条（期限の利益の喪失）次に掲げる場合には、債務者は、期限の利益を主張することができない。
　一　債務者が破産手続開始の決定を受けたとき。
　二　債務者が担保を滅失させ、損傷させ、又は減少させたとき。
　三　債務者が担保を供する義務を負う場合において、これを供しないとき。

第 140 条（期間の起算）日、週、月又は年によって期間を定めたときは、期間の初日は、算入しない。ただし、その期間が午前零時から始まるときは、この限りでない。

第 142 条（期間の満了）期間の末日が日曜日、国民の祝日に関する法律（昭和 23 年法律第 178 号）に規定する休日その他の休日に当たるときは、その日に取引をしない慣習がある場合に限り、期間は、その翌日に満了する。

第 145 条（時効の援用）時効は、当事者が援用しなければ、裁判所がこれによって裁判をすることができない。

第 147 条（時効の中断事由）時効は、次に掲げる事由によって中断する。
　一　請求
　二　差押え、仮差押え又は仮処分
　三　承認
新第 147 条（裁判上の請求等による時効の完成猶予及び更新）①次に掲げる事由がある場合には、その事由が終了する（確定判決又は確定判決と同一の効力を有するものによって権利が確定することなくその事由が終了した場合にあっては、その終了の時から六箇月を経過する）までの間は、時効は、完成しない。
　一　裁判上の請求
　二　支払督促
　三　民事訴訟法第 275 条第 1 項の和解又は民事調停法（昭和 26 年法律第 222 号）若しくは家事事件手続法（平成 23 年法律第 52 号）による調停
　四　破産手続参加、再生手続参加又は更生手続参加
②前項の場合において、確定判決又は確定判決と同一の効力を有するものによって権利が確定したときは、時効は、同項各号に掲げる事由が終了した時から新たにその進行を始める。

第 149 条（裁判上の請求）裁判上の請求は、訴えの却下又は取下げの場合には、時効の中断の効力を生じない。
新第 149 条（仮差押え等による時効の完成猶予）次に掲げる事由がある場合には、その事由が終了した時から六箇月を経過するまでの間は、時効は、完成しない。
　一　仮差押え
　二　仮処分

第 150 条（支払督促）支払督促は、債権者が民事訴訟法第 392 条に規定する期間内に仮執行の宣言の申立てをしないことによりその効力を失うときは、時効の中断の効力を生じない。
新第 150 条（催告による時効の完成猶予）①催告があったときは、その時から六箇月を経

過するまでの間は、時効は、完成しない。
②催告によって時効の完成が猶予されている間にされた再度の催告は、前項の規定による時効の完成猶予の効力を有しない。

第151条（和解及び調停の申立て）和解の申立て又は民事調停法（昭和26年法律第222号）若しくは家事事件手続法（平成23年法律第52号）による調停の申立ては、相手方が出頭せず、又は和解若しくは調停が調わないときは、一箇月以内に訴えを提起しなければ、時効の中断の効力を生じない。

新第151条（協議を行う旨の合意による時効の完成猶予）①権利についての協議を行う旨の合意が書面でされたときは、次に掲げる時のいずれか早い時までの間は、時効は、完成しない。
 一 その合意があった時から一年を経過した時
 二 その合意において当事者が協議を行う期間（一年に満たないものに限る。）を定めたときは、その期間を経過した時
 三 当事者の一方から相手方に対して協議の続行を拒絶する旨の通知が書面でされたときは、その通知の時から六箇月を経過した時
②前項の規定により時効の完成が猶予されている間にされた再度の同項の合意は、同項の規定による時効の完成猶予の効力を有する。ただし、その効力は、時効の完成が猶予されなかったとすれば時効が完成すべき時から通じて五年を超えることができない。
③催告によって時効の完成が猶予されている間にされた第一項の合意は、同項の規定による時効の完成猶予の効力を有しない。同項の規定により時効の完成が猶予されている間にされた催告についても、同様とする。
④第一項の合意がその内容を記録した電磁的記録（電子的方式、磁気的方式その他人の知覚によっては認識することができない方式で作られる記録であって、電子計算機による情報処理の用に供されるものをいう。以下同じ。）によってされたときは、その合意は、

書面によってされたものとみなして、前3項の規定を適用する。
⑤前項の規定は、第1項第3号の通知について準用する。

第153条（催告）催告は、六箇月以内に、裁判上の請求、支払督促の申立て、和解の申立て、民事調停法若しくは家事事件手続法による調停の申立て、破産手続参加、再生手続参加、更生手続参加、差押え、仮差押え又は仮処分をしなければ、時効の中断の効力を生じない。

第157条（中断後の時効の進行）①中断した時効は、その中断の事由が終了した時から、新たにその進行を始める。
②裁判上の請求によって中断した時効は、裁判が確定した時から、新たにその進行を始める。

第166条（消滅時効の進行等）①消滅時効は、権利を行使することができる時から進行する。
② 前項の規定は、始期付権利又は停止条件付権利の目的物を占有する第三者のために、その占有の開始の時から取得時効が進行することを妨げない。ただし、権利者は、その時効を中断するため、いつでも占有者の承認を求めることができる。

新第166条（債権等の消滅時効）①債権は、次に掲げる場合には、時効によって消滅する。
 一 債権者が権利を行使することができることを知った時から五年間行使しないとき。
 二 権利を行使することができる時から十年間行使しないとき。
②債権又は所有権以外の財産権は、権利を行使することができる時から二十年間行使しないときは、時効によって消滅する。
③前2項の規定は、始期付権利又は停止条件付権利の目的物を占有する第三者のために、その占有の開始の時から取得時効が進行することを妨げない。ただし、権利者は、その時

効を更新するため、いつでも占有者の承認を求めることができる。

第167条（債権等の消滅時効）①債権は、十年間行使しないときは、消滅する。
②債権又は所有権以外の財産権は、二十年間行使しないときは、消滅する。

第304条（物上代位）①先取特権は、その目的物の売却、賃貸、滅失又は損傷によって債務者が受けるべき金銭その他の物に対しても、行使することができる。ただし、先取特権者は、その払渡し又は引渡しの前に差押えをしなければならない。
②債務者が先取特権の目的物につき設定した物権の対価についても、前項と同様とする。

第363条（債権質の設定）債権であってこれを譲り渡すにはその証書を交付することを要するものを質権の目的とするときは、質権の設定は、その証書を交付することによって、その効力を生ずる。

第364条（指名債権を目的とする質権の対抗要件）指名債権を質権の目的としたときは、第467条の規定に従い、第三債務者に質権の設定を通知し、又は第三債務者がこれを承諾しなければ、これをもって第三債務者その他の第三者に対抗することができない。
新第364条（債権を目的とする質権の対抗要件）債権を目的とする質権の設定（現に発生していない債権を目的とするものを含む。）は、第467条の規定に従い、第三債務者にその質権の設定を通知し、又は第三債務者がこれを承諾しなければ、これをもって第三債務者その他の第三者に対抗することができない。

第366条（質権者による債権の取立て等）
①質権者は、質権の目的である債権を直接に取り立てることができる。
②債権の目的物が金銭であるときは、質権者は、自己の債権額に対応する部分に限り、これを取り立てることができる。
③前項の債権の弁済期が質権者の債権の弁済期前に到来したときは、質権者は、第三債務者にその弁済をすべき金額を供託させることができる。この場合において、質権は、その供託金について存在する。
④債権の目的物が金銭でないときは、質権者は、弁済として受けた物について質権を有する。

第369条（抵当権の内容）①抵当権者は、債務者又は第三者が占有を移転しないで債務の担保に供した不動産について、他の債権者に先立って自己の債権の弁済を受ける権利を有する。
②地上権及び永小作権も、抵当権の目的とすることができる。この場合においては、この章の規定を準用する。

第372条（留置権等の規定の準用）第296条、第304条及び第351条の規定は、抵当権について準用する。

第379条（抵当権消滅請求）抵当不動産の第三取得者は、第383条の定めるところにより、抵当権消滅請求をすることができる。

第380条（抵当権消滅請求）主たる債務者、保証人及びこれらの者の承継人は、抵当権消滅請求をすることができない。

第383条（抵当権消滅請求の手続）抵当不動産の第三取得者は、抵当権消滅請求をするときは、登記をした各債権者に対し、次に掲げる書面を送付しなければならない。
一　取得の原因及び年月日、譲渡人及び取得者の氏名及び住所並びに抵当不動産の性質、所在及び代価その他取得者の負担を記載した書面
二　抵当不動産に関する登記事項証明書（現に効力を有する登記事項のすべてを証明したものに限る。）
三　債権者が二箇月以内に抵当権を実行し

て競売の申立てをしないときは、抵当不動産の第三取得者が第1号に規定する代価又は特に指定した金額を債権の順位に従って弁済し又は供託すべき旨を記載した書面

第388条（法定地上権）土地及びその上に存する建物が同一の所有者に属する場合において、その土地又は建物につき抵当権が設定され、その実行により所有者を異にするに至ったときは、その建物について、地上権が設定されたものとみなす。この場合において、地代は、当事者の請求により、裁判所が定める。

第398条（抵当権の目的である地上権等の放棄）地上権又は永小作権を抵当権の目的とした地上権者又は永小作人は、その権利を放棄しても、これをもって抵当権者に対抗することができない。

第398条の8（根抵当権者又は債務者の相続）
①元本の確定前に根抵当権者について相続が開始したときは、根抵当権は、相続開始の時に存する債権のほか、相続人と根抵当権設定者との合意により定めた相続人が相続の開始後に取得する債権を担保する。
②元本の確定前にその債務者について相続が開始したときは、根抵当権は、相続開始の時に存する債務のほか、根抵当権者と根抵当権設定者との合意により定めた相続人が相続の開始後に負担する債務を担保する。
③第398条の4第2項の規定は、前2項の合意をする場合について準用する。
④第1項及び第2項の合意について相続の開始後六箇月以内に登記をしないときは、担保すべき元本は、相続開始の時に確定したものとみなす。

第398条の19（根抵当権の元本の確定請求）
①根抵当権設定者は、根抵当権の設定の時から三年を経過したときは、担保すべき元本の確定を請求することができる。この場合において、担保すべき元本は、その請求の時から二週間を経過することによって確定する。
②根抵当権者は、いつでも、担保すべき元本の確定を請求することができる。この場合において、担保すべき元本は、その請求の時に確定する。
③前2項の規定は、担保すべき元本の確定すべき期日の定めがあるときは、適用しない。

第398条の20（根抵当権の元本の確定事由）次に掲げる場合には、根抵当権の担保すべき元本は、確定する。
　一　根抵当権者が抵当不動産について競売若しくは担保不動産収益執行又は第372条において準用する第304条の規定による差押えを申し立てたとき。ただし、競売手続若しくは担保不動産収益執行手続の開始又は差押えがあったときに限る。
　二　根抵当権者が抵当不動産に対して滞納処分による差押えをしたとき。
　三　根抵当権者が抵当不動産に対する競売手続の開始又は滞納処分による差押えがあったことを知った時から二週間を経過したとき。
　四　債務者又は根抵当権設定者が破産手続開始の決定を受けたとき。
②前項第3号の競売手続の開始若しくは差押え又は同項第4号の破産手続開始の決定の効力が消滅したときは、担保すべき元本は、確定しなかったものとみなす。ただし、元本が確定したものとしてその根抵当権又はこれを目的とする権利を取得した者があるときは、この限りでない。

第415条（債務不履行による損害賠償）債務者がその債務の本旨に従った履行をしないときは、債権者は、これによって生じた損害の賠償を請求することができる。債務者の責めに帰すべき事由によって履行をすることができなくなったときも、同様とする。

新第415条（債務不履行による損害賠償）①債務者がその債務の本旨に従った履行をしないとき又は債務の履行が不能であるときは、

債権者は、これによって生じた損害の賠償を請求することができる。ただし、その債務の不履行が契約その他の債務の発生原因及び取引上の社会通念に照らして債務者の責めに帰することができない事由によるものであるときは、この限りでない。
②前項の規定により損害賠償の請求をすることができる場合において、債権者は、次に掲げるときは、債務の履行に代わる損害賠償の請求をすることができる。
　一　債務の履行が不能であるとき。
　二　債務者がその債務の履行を拒絶する意思を明確に表示したとき。
　三　債務が契約によって生じたものである場合において、その契約が解除され、又は債務の不履行による契約の解除権が発生したとき。

第434条（連帯債務者の一人に対する履行の請求）連帯債務者の一人に対する履行の請求は、他の連帯債務者に対しても、その効力を生ずる。
新第436条（連帯債務者に対する履行の請求）債務の目的がその性質上可分である場合において、法令の規定又は当事者の意思表示によって数人が連帯して債務を負担するときは、債権者は、その連帯債務者の一人に対し、又は同時に若しくは順次に全ての連帯債務者に対し、全部又は一部の履行を請求することができる。

第439条（連帯債務者の一人についての時効の完成）連帯債務者の一人のために時効が完成したときは、その連帯債務者の負担部分については、他の連帯債務者も、その義務を免れる。

第440条（相対的効力の原則）第434条から前条までに規定する場合を除き、連帯債務者の一人について生じた事由は、他の連帯債務者に対してその効力を生じない。

第441条（連帯債務者についての破産手続の開始）連帯債務者の全員又はそのうちの数人が破産手続開始の決定を受けたときは、債権者は、その債権の全額について各破産財団の配当に加入することができる。
新第441条（相対的効力の原則）第438条、第439条第1項及び前条に規定する場合を除き、連帯債務者の一人について生じた事由は、他の連帯債務者に対してその効力を生じない。ただし、債権者及び他の連帯債務者の一人が別段の意思を表示したときは、当該他の連帯債務者に対する効力は、その意思に従う。

第447条（保証債務の範囲）①保証債務は、主たる債務に関する利息、違約金、損害賠償その他その債務に従たるすべてのものを包含する。
②保証人は、その保証債務についてのみ、違約金又は損害賠償の額を約定することができる。

第452条（催告の抗弁）債権者が保証人に債務の履行を請求したときは、保証人は、まず、主たる債務者に催告をすべき旨を請求することができる。ただし、主たる債務者が破産手続開始の決定を受けたとき、又はその行方が知れないときは、この限りでない。

第453条（検索の抗弁）債権者が前条の規定に従い主たる債務者に催告をした後であっても、保証人が主たる債務者に弁済をする資力があり、かつ、執行が容易であることを証明したときは、債権者は、まず主たる債務者の財産について執行をしなければならない。

第457条（主たる債務者について生じた事由の効力）①主たる債務者に対する履行の請求その他の事由による時効の中断は、保証人に対しても、その効力を生ずる。
②保証人は、主たる債務者の債権による相殺をもって債権者に対抗することができる。
新第457条（主たる債務者について生じた事由の効力）①主たる債務者に対する履行の

請求その他の事由による時効の完成猶予及び更新は、保証人に対しても、その効力を生ずる。
②保証人は、主たる債務者が主張することができる抗弁をもって債権者に対抗することができる。
③主たる債務者が債権者に対して相殺権、取消権又は解除権を有するときは、これらの権利の行使によって主たる債務者がその債務を免れるべき限度において、保証人は、債権者に対して債務の履行を拒むことができる。

第458条（連帯保証人について生じた事由の効力）第434条から第440条までの規定は、主たる債務者が保証人と連帯して債務を負担する場合について準用する。
新第458条（連帯保証人について生じた事由の効力）第438条、第439条第1項、第440条及び第441条の規定は、主たる債務者と連帯して債務を負担する保証人について生じた事由について準用する。

第465条の2（貸金等根保証契約の保証人の責任等）一定の範囲に属する不特定の債務を主たる債務とする保証契約（以下「根保証契約」という。）であってその債務の範囲に金銭の貸渡し又は手形の割引を受けることによって負担する債務（以下「貸金等債務」という。）が含まれるもの（保証人が法人であるものを除く。以下「貸金等根保証契約」という。）の保証人は、主たる債務の元本、主たる債務に関する利息、違約金、損害賠償その他その債務に従たるすべてのもの及びその保証債務について約定された違約金又は損害賠償の額について、その全部に係る極度額を限度として、その履行をする責任を負う。
②貸金等根保証契約は、前項に規定する極度額を定めなければ、その効力を生じない。
③第446条第2項及び第3項の規定は、貸金等根保証契約における第1項に規定する極度額の定めについて準用する。

新第465条の2（個人根保証契約の保証人の責任等）①一定の範囲に属する不特定の債務を主たる債務とする保証契約（以下「根保証契約」という。）であって保証人が法人でないもの（以下「個人根保証契約」という。）の保証人は、主たる債務の元本、主たる債務に関する利息、違約金、損害賠償その他その債務に従たる全てのもの及びその保証債務について約定された違約金又は損害賠償の額について、その全部に係る極度額を限度として、その履行をする責任を負う。
②個人根保証契約は、前項に規定する極度額を定めなければ、その効力を生じない。
③第446条第2項及び第3項の規定は、個人根保証契約における第1項に規定する極度額の定めについて準用する。

第466条（債権の譲渡性）①債権は、譲り渡すことができる。ただし、その性質がこれを許さないときは、この限りでない。
②前項の規定は、当事者が反対の意思を表示した場合には、適用しない。ただし、その意思表示は、善意の第三者に対抗することができない。
新第466条（債権の譲渡性）（同上）
②当事者が債権の譲渡を禁止し、又は制限する旨の意思表示（以下「譲渡制限の意思表示」という。）をしたときであっても、債権の譲渡は、その効力を妨げられない。
③前項に規定する場合には、譲渡制限の意思表示がされたことを知り、又は重大な過失によって知らなかった譲受人その他の第三者に対しては、債務者は、その債務の履行を拒むことができ、かつ、譲渡人に対する弁済その他の債務を消滅させる事由をもってその第三者に対抗することができる。
④前項の規定は、債務者が債務を履行しない場合において、同項に規定する第三者が相当の期間を定めて譲渡人への履行の催告をし、その期間内に履行がないときは、その債務者については、適用しない。

第467条（指名債権の譲渡の対抗要件）①指名債権の譲渡は、譲渡人が債務者に通知を

し、又は債務者が承諾をしなければ、債務者その他の第三者に対抗することができない。
②前項の通知又は承諾は、確定日付のある証書によってしなければ、債務者以外の第三者に対抗することができない。

新第470条（併存的債務引受の要件及び効果）
①併存的債務引受の引受人は、債務者と連帯して、債務者が債権者に対して負担する債務と同一の内容の債務を負担する。
②併存的債務引受は、債権者と引受人となる者との契約によってすることができる。
③併存的債務引受は、債務者と引受人となる者との契約によってもすることができる。この場合において、併存的債務引受は、債権者が引受人となる者に対して承諾をした時に、その効力を生ずる。
④前項の規定によってする併存的債務引受は、第三者のためにする契約に関する規定に従う。

新第472条（免責的債務引受の要件及び効果）
①免責的債務引受の引受人は債務者が債権者に対して負担する債務と同一の内容の債務を負担し、債務者は自己の債務を免れる。
②免責的債務引受は、債権者と引受人となる者との契約によってすることができる。この場合において、免責的債務引受は、債権者が債務者に対してその契約をした旨を通知した時に、その効力を生ずる。
③免責的債務引受は、債務者と引受人となる者が契約をし、債権者が引受人となる者に対して承諾をすることによってもすることができる。

第474条（第三者の弁済）①債務の弁済は、第三者もすることができる。ただし、その債務の性質がこれを許さないとき、又は当事者が反対の意思を表示したときは、この限りでない。
②利害関係を有しない第三者は、債務者の意思に反して弁済をすることができない。

新第474条（第三者の弁済）①債務の弁済は、第三者もすることができる。
②弁済をするについて正当な利益を有する者でない第三者は、債務者の意思に反して弁済をすることができない。ただし、債務者の意思に反することを債権者が知らなかったときは、この限りでない。
③前項に規定する第三者は、債権者の意思に反して弁済をすることができない。ただし、その第三者が債務者の委託を受けて弁済をする場合において、そのことを債権者が知っていたときは、この限りでない。
④前三項の規定は、その債務の性質が第三者の弁済を許さないとき、又は当事者が第三者の弁済を禁止し、若しくは制限する旨の意思表示をしたときは、適用しない。

第488条（弁済の充当の指定）①債務者が同一の債権者に対して同種の給付を目的とする数個の債務を負担する場合において、弁済として提供した給付がすべての債務を消滅させるのに足りないときは、弁済をする者は、給付の時に、その弁済を充当すべき債務を指定することができる。
②弁済をする者が前項の規定による指定をしないときは、弁済を受領する者は、その受領の時に、その弁済を充当すべき債務を指定することができる。ただし、弁済をする者がその充当に対して直ちに異議を述べたときは、この限りでない。
③前2項の場合における弁済の充当の指定は、相手方に対する意思表示によってする。

新第488条（同種の給付を目的とする数個の債務がある場合の充当）①債務者が同一の債権者に対して同種の給付を目的とする数個の債務を負担する場合において、弁済として提供した給付が全ての債務を消滅させるのに足りないとき（次条第1項に規定する場合を除く。）は、弁済をする者は、給付の時に、その弁済を充当すべき債務を指定することができる。
②・③（同上）
④弁済をする者及び弁済を受領する者がいず

れも第1項又は第2項の規定による指定をしないときは、次の各号の定めるところに従い、その弁済を充当する。
　一　債務の中に弁済期にあるものと弁済期にないものとがあるときは、弁済期にあるものに先に充当する。
　二　全ての債務が弁済期にあるとき、又は弁済期にないときは、債務者のために弁済の利益が多いものに先に充当する。
　三　債務者のために弁済の利益が相等しいときは、弁済期が先に到来したもの又は先に到来すべきものに先に充当する。
　四　前2号に掲げる事項が相等しい債務の弁済は、各債務の額に応じて充当する。

第500条（法定代位）弁済をするについて正当な利益を有する者は、弁済によって当然に債権者に代位する。

第501条（弁済による代位の効果）前2条の規定により債権者に代位した者は、自己の権利に基づいて求償をすることができる範囲内において、債権の効力及び担保としてその債権者が有していた一切の権利を行使することができる。この場合においては、次の各号の定めるところに従わなければならない。
　一　保証人は、あらかじめ先取特権、不動産質権又は抵当権の登記にその代位を付記しなければ、その先取特権、不動産質権又は抵当権の目的である不動産の第三取得者に対して債権者に代位することができない。
　二　第三取得者は、保証人に対して債権者に代位しない。
　三　第三取得者の一人は、各不動産の価格に応じて、他の第三取得者に対して債権者に代位する。
　四　物上保証人の一人は、各財産の価格に応じて、他の物上保証人に対して債権者に代位する。
　五　保証人と物上保証人との間においては、その数に応じて、債権者に代位する。ただし、物上保証人が数人あるとき

は、保証人の負担部分を除いた残額について、各財産の価格に応じて、債権者に代位する。
　六　前号の場合において、その財産が不動産であるときは、第1号の規定を準用する。

新第501条（弁済による代位の効果）①前2条の規定により債権者に代位した者は、債権の効力及び担保としてその債権者が有していた一切の権利を行使することができる。
②前項の規定による権利の行使は、債権者に代位した者が自己の権利に基づいて債務者に対して求償をすることができる範囲内（保証人の一人が他の保証人に対して債権者に代位する場合には、自己の権利に基づいて当該他の保証人に対して求償をすることができる範囲内）に限り、することができる。
③第1項の場合には、前項の規定によるほか、次に掲げるところによる。
　一　第三取得者（債務者から担保の目的となっている財産を譲り受けた者をいう。以下この項において同じ。）は、保証人及び物上保証人に対して債権者に代位しない。
　二　第三取得者の一人は、各財産の価格に応じて、他の第三取得者に対して債権者に代位する。
　三　前号の規定は、物上保証人の一人が他の物上保証人に対して債権者に代位する場合について準用する。
　四　保証人と物上保証人との間においては、その数に応じて、債権者に代位する。ただし、物上保証人が数人あるときは、保証人の負担部分を除いた残額について、各財産の価格に応じて、債権者に代位する。
　五　第三取得者から担保の目的となっている財産を譲り受けた者は、第三取得者とみなして第1号及び第2号の規定を適用し、物上保証人から担保の目的となっている財産を譲り受けた者は、物上保証人とみなして第1号、第3号及び前号の規定を適用する。

第502条（一部弁済による代位）①債権の一部について代位弁済があったときは、代位者は、その弁済をした価額に応じて、債権者とともにその権利を行使する。
②前項の場合において、債務の不履行による契約の解除は、債権者のみがすることができる。この場合においては、代位者に対し、その弁済をした価額及びその利息を償還しなければならない。

新第502条（一部弁済による代位）①債権の一部について代位弁済があったときは、代位者は、債権者の同意を得て、その弁済をした価額に応じて、債権者とともにその権利を行使することができる。
②前項の場合であっても、債権者は、単独でその権利を行使することができる。
③前2項の場合に債権者が行使する権利は、その債権の担保の目的となっている財産の売却代金その他の当該権利の行使によって得られる金銭について、代位者が行使する権利に優先する。
④第1項の場合において、債務の不履行による契約の解除は、債権者のみがすることができる。この場合においては、代位者に対し、その弁済をした価額及びその利息を償還しなければならない。

第504条（債権者による担保の喪失等）第500条の規定により代位をすることができる者がある場合において、債権者が故意又は過失によってその担保を喪失し、又は減少させたときは、その代位をすることができる者は、その喪失又は減少によって償還を受けることができなくなった限度において、その責任を免れる。

新第504条（債権者による担保の喪失等）①弁済をするについて正当な利益を有する者（以下この項において「代位権者」という。）がある場合において、債権者が故意又は過失によってその担保を喪失し、又は減少させたときは、その代位権者は、代位をするに当たって担保の喪失又は減少によって償還を受けることができなくなる限度において、その責任を免れる。その代位権者が物上保証人である場合において、その代位権者から担保の目的となっている財産を譲り受けた第三者及びその特定承継人についても、同様とする。
②前項の規定は、債権者が担保を喪失し、又は減少させたことについて取引上の社会通念に照らして合理的な理由があると認められるときは、適用しない。

第505条（相殺の要件等）①二人が互いに同種の目的を有する債務を負担する場合において、双方の債務が弁済期にあるときは、各債務者は、その対当額について相殺によってその債務を免れることができる。ただし、債務の性質がこれを許さないときは、この限りでない。
②前項の規定は、当事者が反対の意思を表示した場合には、適用しない。ただし、その意思表示は、善意の第三者に対抗することができない。

第506条（相殺の方法及び効力）①相殺は、当事者の一方から相手方に対する意思表示によってする。この場合において、その意思表示には、条件又は期限を付することができない。
②前項の意思表示は、双方の債務が互いに相殺に適するようになった時にさかのぼってその効力を生ずる。

第541条（履行遅滞等による解除権）当事者の一方がその債務を履行しない場合において、相手方が相当の期間を定めてその履行の催告をし、その期間内に履行がないときは、相手方は、契約の解除をすることができる。
新第541条（催告による解除）当事者の一方がその債務を履行しない場合において、相手方が相当の期間を定めてその履行の催告をし、その期間内に履行がないときは、相手方は、契約の解除をすることができる。ただし、その期間を経過した時における債務の不履行がその契約及び取引上の社会通念に照らして軽微であるときは、この限りでない。

第579条（買戻しの特約）不動産の売主は、売買契約と同時にした買戻しの特約により、買主が支払った代金及び契約の費用を返還して、売買の解除をすることができる。この場合において、当事者が別段の意思を表示しなかったときは、不動産の果実と代金の利息とは相殺したものとみなす。

第580条（買戻しの期間）①買戻しの期間は、十年を超えることができない。特約でこれより長い期間を定めたときは、その期間は、十年とする。
②買戻しについて期間を定めたときは、その後にこれを伸長することができない。
③買戻しについて期間を定めなかったときは、五年以内に買戻しをしなければならない。

第581条（買戻しの特約の対抗力）①売買契約と同時に買戻しの特約を登記したときは、買戻しは、第三者に対しても、その効力を生ずる。
②登記をした賃借人の権利は、その残存期間中一年を超えない期間に限り、売主に対抗することができる。ただし、売主を害する目的で賃貸借をしたときは、この限りでない。

第587条（消費貸借）消費貸借は、当事者の一方が種類、品質及び数量の同じ物をもって返還をすることを約して相手方から金銭その他の物を受け取ることによって、その効力を生ずる。

新第587条の2（*書面でする消費貸借等*）①前条の規定にかかわらず、書面でする消費貸借は、当事者の一方が金銭その他の物を引き渡すことを約し、相手方がその受け取った物と種類、品質及び数量の同じ物をもって返還をすることを約することによって、その効力を生ずる。
②書面でする消費貸借の借主は、貸主から金銭その他の物を受け取るまで、契約の解除をすることができる。この場合において、貸主は、その契約の解除によって損害を受けたと

きは、借主に対し、その賠償を請求することができる。
③書面でする消費貸借は、借主が貸主から金銭その他の物を受け取る前に当事者の一方が破産手続開始の決定を受けたときは、その効力を失う。
④消費貸借がその内容を記録した電磁的記録によってされたときは、その消費貸借は、書面によってされたものとみなして、前3項の規定を適用する。

第605条（不動産賃貸借の対抗力）不動産の賃貸借は、これを登記したときは、その後その不動産について物権を取得した者に対しても、その効力を生ずる。

第703条（不当利得の返還義務）法律上の原因なく他人の財産又は労務によって利益を受け、そのために他人に損失を及ぼした者（以下この章において「受益者」という。）は、その利益の存する限度において、これを返還する義務を負う。

第818条（親権者）①成年に達しない子は、父母の親権に服する。
②子が養子であるときは、養親の親権に服する。
③親権は、父母の婚姻中は、父母が共同して行う。ただし、父母の一方が親権を行うことができないときは、他の一方が行う。

第824条（財産の管理及び代表）親権を行う者は、子の財産を管理し、かつ、その財産に関する法律行為についてその子を代表する。ただし、その子の行為を目的とする債務を生ずべき場合には、本人の同意を得なければならない。

第825条（父母の一方が共同の名義でした行為の効力）父母が共同して親権を行う場合において、父母の一方が、共同の名義で、子に代わって法律行為をし又は子がこれをすることに同意したときは、その行為は、他の一

方の意思に反したときであっても、そのためにその効力を妨げられない。ただし、相手方が悪意であったときは、この限りでない。

第826条（利益相反行為）　①親権を行う父又は母とその子と利益が相反する行為については、親権を行う者は、その子のために特別代理人を選任することを家庭裁判所に請求しなければならない。

第859条の3（成年後見人の居住用不動産の処分についての許可）成年後見人は、成年被後見人に代わって、その居住の用に供する建物又はその敷地について、売却、賃貸、賃貸借の解除又は抵当権の設定その他これらに準ずる処分をするには、家庭裁判所の許可を得なければならない。

第900条（法定相続分）同順位の相続人が数人あるときは、その相続分は、次の各号の定めるところによる。
　一　子及び配偶者が相続人であるときは、子の相続分及び配偶者の相続分は、各二分の一とする。
　二　配偶者及び直系尊属が相続人であるときは、配偶者の相続分は、三分の二とし、直系尊属の相続分は、三分の一とする。
　三　配偶者及び兄弟姉妹が相続人であるときは、配偶者の相続分は、四分の三とし、兄弟姉妹の相続分は、四分の一とする。
　四　子、直系尊属又は兄弟姉妹が数人あるときは、各自の相続分は、相等しいものとする。ただし、父母の一方のみを同じくする兄弟姉妹の相続分は、父母の双方を同じくする兄弟姉妹の相続分の二分の一とする。

改正債権法附則

第10条（時効に関する経過措置）　施行日前に債権が生じた場合（施行日以後に債権が生じた場合であって、その原因である法律行為が施行日前にされたときを含む。以下同じ。）におけるその債権の消滅時効の援用については、新法第145条の規定にかかわらず、なお従前の例による。

第20条（不可分債権、不可分債務、連帯債権及び連帯債務に関する経過措置）　施行日前に生じた旧法第428条に規定する不可分債権（その原因である法律行為が施行日前にされたものを含む。）については、なお従前の例による。

第21条（保証債務に関する経過措置）　①施行日前に締結された保証契約に係る保証債務については、なお従前の例による。
②保証人になろうとする者は、施行日前においても、新法第465条の6第1項（新法第465条の8第1項において準用する場合を含む。）の公正証書の作成を嘱託することができる。
③公正人は、前項の規定による公正証書の作成の嘱託があった場合には、施行日前においても、新法第465条の6第2項及び第465条の7（これらの規定を新法第465条の8第1項において準用する場合を含む。）の規定の例により、その作成をすることができる。

第23条（債務の引受けに関する経過措置）　新法第470条から第472条の4までの規定は、施行日前に締結された債務の引受けに関する契約については、適用しない。

第25条（弁済に関する経過措置）　①施行日前に債務が生じた場合におけるその債務の弁済については、次項に規定するもののほか、なお従前の例による。
②施行日前に弁済がされた場合におけるその弁済の充当については、新法第488条から第491条までの規定にかかわらず、なお従前の例による。

著者プロフィール……………………………………………………

田島 一良（たじま かずよし）
1953年 名古屋市生まれ。1977年 京都大学法学部卒業。安田信託銀行（現みずほ信託銀行）入社。融資業務・不動産業務を経験。
1992年より27年にわたり審査部・法務部等にて営業部店法務指導、研修、契約書審査、訴訟対応など一貫して金融法務を担当。2018年9月退職。

● 主要著作
融資課長のための金融法務心得帖（銀行法務21 平成18年～19年連載）／判例解説・民事再生法の担保権実行中止命令と債権譲渡担保（銀行法務21 平成20年1月号）

住宅ローン・アパートローン実務に学ぶ　融資法務Q&A【第3版】

2019年3月15日　第3版第1刷発行

著　者　田　島　一　良
発行者　金　子　幸　司
発行所　㈱経済法令研究会
〒162-8421　東京都新宿区市谷本村町3-21
電話 代表 03(3267)4811 制作 03(3267)4823
https://www.khk.co.jp

営業所／東京 03(3267)4812　大阪 06(6261)2911　名古屋 052(332)3511　福岡 092(411)0805

カバーデザイン／間野成　制作／中村桃香　印刷・製本／富士リプロ㈱

© Kazuyoshi Tajima 2019　Printed in Japan　　ISBN978-4-7668-2430-8

☆　本書の内容等に関する追加情報および訂正等について　☆
本書の内容等につき発行後に追加情報のお知らせおよび誤記の訂正等の必要が生じた場合には、当社ホームページに掲載いたします。
（ホームページ 書籍・DVD・定期刊行誌 メニュー下部の 追補・正誤表）

定価はカバーに表示してあります。無断複製・転用等を禁じます。落丁・乱丁本は、お取替えいたします。